英語教師のための
教育データ分析入門

授業が変わる テスト・評価・研究

三浦省五=監修

前田啓朗・山森光陽=編著　磯田貴道・廣森友人=著

大修館書店

巻頭言

　いま教育現場はデータに溢れています。従来の教育評価方法に加えて，「目標に準拠した評価」（いわゆる絶対評価）の重要性が叫ばれ，評価の方法が多様化してきました。評価の拠り所となるテストなどの測定についても，様々な場面において，最適の手法で，多種多様な測定がなされ，データが処理されるようになりましたし，また私たちが教育活動の成果を整理し研究成果として発表する場合にも，なんらかのデータ処理を行うことは常識となりました。

　しかし，英語教師や英語教育学研究者の中で，自分が行う測定―分析―結果の提示という過程において，その処理方法は勘違いでも時代遅れでもないと，確固たる自信を持っておられる方はどのくらいの割合でしょうか。私自身も卒業論文や修士・博士論文の指導，研究会や学会でのコメント，学会誌の論文審査などを通じ，たびたびデータ分析というものの難しさを痛感しています。

　このたび，全員が20代という若さで，中学校・高等学校での教歴を持ち，論文執筆等の学界活動についても同年代では抜きん出ている4名の諸君からこの監修の話を乞われました。草稿を目にし，これは是非とも日ごろのデータ処理に悩む学部学生や大学院生，あるいは中・高等学校の先生方に読んでいただきたいと思いました。また，卒業論文，あるいは修士論文・博士論文の分析に頭を抱える学生諸君の座右に置いていただきたい，そのような思いが駆け巡ったのです。著者たちの教壇に立って校務をこなしてきた経験や，統計に詳しいためにこれまで幾度となく多方面から寄せられた質問に答えてきた経験，そして研究成果を実際に論文などにまとめて学会で認められてきた経験，著者全員が持つそれらすべての貴重な経験があってこその本書といえるでしょう。英語教育に携わる方々へのデータ

分析入門書としてはこれ以上のものはないと思い，即座に快諾した次第です。
　本書が，英語教育に携わるすべての方々のお役に立てるものであることを確信しております。

　平成16年4月1日
　　　　　　　　　　　　　　　　　　　　　　　　　　　三浦　省五

まえがき

　指導要録の改訂や，英語教育研究の発展などを背景に，英語教育の分野でも統計的なデータ処理が必要な場面が増えてきました。

　まず，中学校や高等学校では，これまでの相対評価による評定から，目標に準拠した評価による評定を行うこととなりました。目標に準拠した評価を行う際には，教師自身が達成目標とそれに対する達成度を設定するため，今まで以上に評価に対する説明責任が教師に求められるようになりました。そのためには，勘や経験にのみ依拠するのではなく，理論的にデータ処理を行う必要があります。

　また，教育研究も活発化してきました。英語教育においても例外ではありません。研究紀要を出す中学校や高等学校が増えつつあり，また，多くの現職の先生方が，大学院で研究に従事するようになりました。大学院に進学する学部生も増加し，さらに学部生の中にも，統計処理を行って卒業論文をまとめる学生が増えています。英語教員の先生方に加え，英語教育を専攻する大学院生や学部生にも，統計処理を使って結果をまとめる機会が多くなっているのです。

　こういった背景の中，情報技術の発展により，表計算ソフトや統計ソフトが普及し，文科系出身者の多い英語教員にとっても，データ処理を身近に行える環境が整いました。しかし，身近さと引き替えに，多くの誤用や誤解も見受けられるのが現状です。

　さらに，このような分析を行うには，これまで教育心理学など，他分野の統計処理に関する書籍を参考にするしかありませんでした。しかし，例題が英語教育を専門とする者にとっては身近ではなく，説明が高度で抽象的であることも多く，学習しにくいという欠点があることは否めませんでした。にもかかわらず，大学の英語教員養成課程や大学院の授業において

は，データ処理や研究手法の講義がほとんど開設されていないため，このようなことを学習するには，必然的に自習が強いられています。

そこで，私たちは，英語教員の先生方や，英語教育を専攻する大学院生や学部生にとってわかりやすい，統計の入門書が必要であるとの結論に至りました。そして，広島大学大学院教授の三浦省五先生に監修をお願いしました。さらに，英語教育研究の分野で，統計処理を用いた研究論文を多く著してきた気鋭の研究者である，磯田貴道氏と廣森友人氏を著者に加え，本書の執筆に取りかかりました。

本書の編著者は，数度にわたる編集会議を行い，どのようなスタイルで書くことが最もわかりやすいだろうかと検討を重ねました。幸いにして，監修者である三浦省五先生を含め，全員が，中学校や高等学校の教壇に数年間立った経験を持っています。そこで，以下のような方針を立てました。

1. 校務に沿った章立てにすること

データ処理のイメージをつかみやすいように，日常の校務に沿った章立てにしました。つまり，テストの作成→テスト結果の処理→評定という流れの章立てにしました。さらに，日常の教育活動を論文や研究会，学会発表などにまとめるということを想定し，定期テスト編，評価・評定編，研究論文編，資料編の4部構成にしました。

2. 英語教育の実践に即したデータを用いて解説すること

さらに，ほとんどの章において，英語教育の実践に即したデータを用いて解説を行うこととしました。現職の先生方や，英語教育を専攻する大学院生や学部生にとって，現実味のあるデータを用いることで，各々の処理をより身近に感じることができるように工夫しました。また，執筆にあたっては，それぞれの分析を用いて論文を執筆したことのある著者が担当し，正確を期すようにしました。

3. 平易な記述を心がけること

　本書の想定する読者の大半は，文科系であることを考慮しました。したがって，難解な数式を使うことなく，各々の統計処理を説明するように心がけました。特に，これまで編著者らが見聞してきた，英語教育を専門とする者が持つ疑問や誤解，誤用に対してできるだけ応じることができるようにし，一読するだけで，それぞれの分析手法の全体像を捉えることができるように配慮しました。さらに，各章末にはまとめを載せることによって，要点を理解しやすくなるよう工夫をしました。

　以上のような方針に加え，実際に分析を行い，結果をまとめる際に役立つ情報を，資料としてまとめました。つまり，本書に基づけば，教育現場におけるデータ処理にまつわる問題を解決し，その結果を多くの人々と共有できるようになると確信しています。

　私たちは，本書を手にした方々が，本書で紹介したデータ処理の方法を用いることによって，以下のようなことを期待しています。

　英語教育に携わる先生方には，日常の教育活動の中で得られるデータを分析することを通じて，よりよい教育実践がなされることを期待しています。さらに，それらの結果を研究成果としてまとめ，多くの先生方が共有できるようになることによって，教育改善の輪が広がることも期待しています。

　英語教育を専攻する大学院生や学部生の方々には，正しいデータ処理の方法を用いて説得力のある研究発表を行い，論文を書くことによって，英語教育の研究がより実のあるものに発展できるようにしてほしいと願っています。

　本書は，英語教育の実践に即したデータを用いて書き進められています。しかし，他の教科の教育や研究に携わる方にとっても，それぞれの例を，専門とされている教科に読み替えることによって，十分に応用できると確信しています。また，教育実践を対象とした教育心理学の研究に従事している方にとっても，本書は有用であるはずです。本書を世に出すこと

によって，英語教育はもとより，多くの教科や教育心理学の研究が発展し，よりよい教育実践への原動力となるとしたら，編者らにとってこれに勝るよろこびはありません。

　最後に，本書の監修をご快諾いただき，過分な序文をお寄せいただいた広島大学大学院教授の三浦省五先生に深謝いたします。また，出版にあたってお力添えをいただいた，早稲田大学名誉教授の田辺洋二先生に感謝申し上げます。さらに，本書の企画の意図をご理解いただき，出版に際してお骨折りいただいた，大修館書店の日高美南子氏，米山順一氏に厚く御礼申し上げます。また，広島大学大学院の中山法子さんと早稲田大学大学院の岡田いずみさんに校正等の労を執っていただきました。比較的若手の私たちが，本書を上梓できたのは，ここに挙げた方々をはじめ，多くの方々の支えがあってのことです。

　　平成 16 年 4 月 1 日　　　　　　　　　　　　　　　　前田啓朗　山森光陽

【第 5 刷にあたって】

　十年以上前に上梓した本書は多くの読者に受け入れられ，第 5 刷を迎えることとなりました。今回の増刷に際し，第 16 章の参考書籍ガイド，第 17 章のソフトウェアガイドの一部を書き改めました。

　執筆当時若手だった編著者ら四人は，幾度も場を共にして本書を書き上げ，その後もよく学び，よく遊びました。しかし，この間の出来事によって，それは二度と叶わなくなってしまいました。それでも，本書を座右に学んだ新進気鋭の研究者の手によって，外国語教育研究の更なる充実に寄与しうる書物や数多の論文が世に出されたことや，多くの先生方に本書をご活用いただいている様子を目の当たりにできたのは，本書の筆を執り，編んだ四人にとって嬉しいことです。

　　平成 27 年 6 月 21 日　　　　　　　　　　　　　　　　　　　　　　山森光陽

目　次

巻頭言 …………………………………………………………………………… iii
まえがき ………………………………………………………………………… v

第1部：定期テスト編

第1章　テスト問題の作成
　　　　―妥当性と信頼性― ………………………………………山森光陽　　4

第2章　得点・平常点・総括
　　　　―尺度の性質― ……………………………………………山森光陽　 13

第3章　テスト実施後の処理
　　　　―平均，標準偏差，標準得点と偏差値― ……………………磯田貴道　 18

第4章　テストの結果を比べる：男女の場合
　　　　―t検定― ………………………………………………磯田貴道　 28

第5章　テストの結果を比べる：3クラス以上の場合
　　　　―分散分析― ……………………………………………磯田貴道　 42

第6章　少人数学級での差の検討
　　　　―ノンパラメトリック検定― …………………………………廣森友人　 53

第2部：評価・評定編

第7章　テスト得点間の関係の検討
　　　　―相関分析― ……………………………………………前田啓朗　 64

第8章　テスト欠席者の見込み点の予測
　　　　―回帰分析― ……………………………………………前田啓朗　 73

第9章　英会話テストの信頼性の検討
　　　　――般化可能性理論― …………………………………山森光陽　 82

第3部：研究論文編

第10章　自己評価項目の集約と解釈
　　　　　―因子分析― ………………………………………廣森友人　92

第11章　カテゴリー別の生徒の割合の分析
　　　　　―χ二乗検定― ………………………………………前田啓朗　104

第12章　生徒のプロファイリング
　　　　　―クラスター分析― ………………………………………磯田貴道　112

第13章　個人差に応じた学習指導
　　　　　―2元配置の分散分析― ………………………………………山森光陽　125

第14章　観測変数の背後に潜在変数を仮定した分析
　　　　　―構造方程式モデリング― ………………………………………前田啓朗　132

第4部：資料編

第15章　統計手法選択ガイド ………………………………………前田啓朗　144
第16章　参考書籍ガイド ………………………………山森光陽・前田啓朗　147
第17章　ソフトウェアガイド ………………………………前田啓朗・山森光陽　153
第18章　分析結果の書き方ガイド ………………………………………山森光陽　158

索　　引 ……………………………………………………………………175
執筆者紹介 …………………………………………………………………178

英語教師のための教育データ分析入門

―授業が変わる テスト・評価・研究―

Excel® は，米国 Microsoft Corp.の登録商標である。
IBM® は，米国 International Business Machines Corp.の登録商標である。
Internet Explorer® は，米国 Microsoft Corp.の登録商標である。
Microsoft® は，米国 Microsoft Corp.の登録商標である。
SPSS® は，米国 International Business Machines Corp.の登録商標である。

第1部
定期テスト編

　授業を行ったら，必ず評価を実施しなければなりません。授業を通じて生徒に何が身についたのか，今後はどのような学習指導を進めなければならないのかを知ることは，生徒にとっても，教師にとっても重要です。評価の結果から，生徒は自分がこれからどのような学習をすればよいのかを知ることができ，教師もどのような指導を行うべきかについての情報を得ることができるからです。このように評価を利用するためには，妥当性と信頼性のある評価を行い，その結果の解釈を正確に行わなければなりません。

　そこで，第1部では「定期テスト編」として，問題の作成から結果の処理，解釈に至る過程において，どういう点に注意すればよいのかを検討します。

第1章

テスト問題の作成
——妥当性と信頼性——

1. テスト問題を使って何を測るか

最近,研究会で評価のことがよく話題になります。その中で「妥当性」の検討が大事だと言われましたが,具体的にはどのようなことでしょうか。

私たちには,年に数回の定期テストをはじめとして,小テスト,実力テストなど,テスト問題を作る機会が多くあります。テスト問題を作るうえで最も大切なことは,妥当性の高い問題を作ることです。英語のテストという文脈に即して言うと,作った問題が受験者の英語の学力を測定するのにふさわしいかどうかというのが,「妥当性」です。したがって,テスト問題作成においては最も考慮されるべき事項であると言えます。

妥当性については,以前よりいくつかのタイプがあることが指摘されていますが,たとえば Messick (1995) は,内容的妥当性,基準関連妥当性,構成概念妥当性の3つに分類し,さらに基準関連妥当性を予測的妥当性と同時的妥当性の2つに分類しています。しかし,私たちが英語のテストを作るとき考慮するべきなのは,内容的妥当性,基準関連妥当性であると考えられます。具体的にこの2つが何を指すのか,Messick (1995) による解説を,英語のテストという文脈にあわせて詳しく見ていくことにしましょう。

①内容的妥当性:内容的妥当性とは簡単に言うと,テスト問題の内容の

適切さということになります。たとえば，定期テストでは日常の授業における学習成果を測ることが目的になりますから，授業内容に即した出題をする必要があります。たとえば，「リスニング練習を主体とするはずのOCの授業のテストに，リスニング問題がない」という例があったとしたら，このテストは「OCの授業のテストとしての内容的妥当性が（極めて）低い」ということになります。教材見本や過去の入試問題の切り貼りより，授業内容に即した問題を作る方が内容的妥当性は高いと言えます。また，観点別評価を行うためにテストを行う場合を考えると，評価規準に沿った出題をした方が，内容的妥当性が高いと言えます。

②基準関連妥当性：基準関連妥当性は，予測的妥当性と同時的妥当性という，さらに2つの下位区分に分けることができます。予測的妥当性とは，あるテストが将来の学力をどの程度予測できるかということです。私たちの作った英語のテストの結果は，直接その得点を用いて，また，評定に集約した形などで進路指導に用いられることもあります。具体的には，「この生徒は今回のテストでこのくらいの点数をとったから，入試ではたぶんこれくらいの成績をとることができるだろう」といった判断基準として，そのテストが適切かどうかということです。また，同時的妥当性とは，同じような目的で作られた2つのテストを同時に行ったとき，片方のテストがもう一方の外的基準となるテストと，どの程度関連があるかということで表されます。

2．妥当性の高いテストの作成

妥当性が大切だということと，その考え方についてはわかりましたが，どのように妥当性の高低を検討すればよいのでしょうか。また，どのようにして妥当性の高いテストを作ればよいのでしょうか。

この後で説明する「信頼性」の検討には，いくつかの数的基準を用いることができますが，妥当性についての数的基準はほとんどありません。結

局妥当性を高められるかは，テスト作成者の見識にかかっているのです。では，具体的にどのようにすれば妥当性の高いテストになるのかを考えてみましょう。

まず，定期テストの場合は評定をつけることを目的として実施します。ですから，評価規準や基準，さらには授業内容に即した問題を作成することが必要です。たとえば，現在完了を学習する単元で，表1-1のような評価規準と基準を設けたとします。

表1-1 評価規準と基準の例

評価規準	十分満足できる状況	おおむね満足できる状況	努力を要する状況
過去分詞を正しく用いて現在完了の英文を作ることができる。	動詞を正しく活用させて過去分詞にし，正確な現在完了の英文を書いている。	過去分詞を用いて現在完了の英文を書いている。	過去分詞を用いて現在完了の英文を書けない。

では，この評価規準と基準にのっとって評価を行うためにはどのようなテスト問題を用意すればよいでしょうか。

まず，「おおむね満足できる状況」を測定する問題を作成します。この場合，「過去分詞を用いて」とありますから，動詞を活用させずに現在完了の英文を作る問題が良いことがわかります。たとえば，I have been in Tokyo for five years. という文が正答となる語順整序問題などを用意すればよいということになります。この場合，been/for/I/five/Tokyo/have/years/in というように単純に単語を並べ替える問題が考えられます。

次に，「十分満足できる状況」を測定する問題を作成します。この場合，「動詞を正しく活用させて」とありますから，先に挙げた語順整序問題にするならば，be/for/I/five/Tokyo/have/years/in と語群を提示し，「1語を適切に変化させて文を完成させなさい」という問題にすることも考えられます。このようにして，妥当性の高い定期テスト問題を作ることができます。

また，リスニングテストの問題を作るときは，たとえば，道案内の単元は学習していないのに，テストで突然道案内の会話文が提示されるという

ようなことのないようにしなければなりません。以上が内容的妥当性の高いテスト問題を作る際の例です。

　では，進路指導などに用いる実力テストなどではどうでしょうか。この場合は，このテストの結果から入試までにはどの程度まで学力が伸びるのか，また志望校にどれくらいの確率で合格するのかといった情報を得るために実施するわけですから，予測的妥当性の高いテストにする必要があります。そのためには，1回作成した実力テストの結果と，入試結果の追跡調査の結果を照らし合わせて，何点から何点までの範囲の生徒は，どの学校に合格したのかを検討することによって予測的妥当性の検討を行うことができます。また，ある学校の合格者の，実力テスト得点の分布があまりに大きい場合には，正確に予測できないわけですから，予測的妥当性は低いということになります。さらに，進路指導用の実力テストであるならば，入試問題と同様の出題形式にすることが，内容的妥当性を高めることにもつながります。

3．信頼性とは

　　最近，「信頼性の高い評価をする必要がある」としきりに言われますが，信頼性とはそもそもどういった概念なのでしょうか。

　身長・体重と違い，私たちがふだん測ろうとしている英語の学力は，じかに観察することはできません。ですから，テストという一種の媒体を用いてそれを測定しようとするわけです。

　じかに観察できないということは，テスト得点が英語の学力のすべてを忠実に反映しているとは言えないということです。当然，誤差が含まれます。つまり，英語の学力の真の値，これを真値と言いますが，英語のテストでは英語の学力の真値を知ることはできません。一般的に，このようなテストの得点を観測値と言います。そして，観測値，真値，誤差との関係を表すと，「観測値＝真値＋誤差」と表すことができます。そして，観測値に対する誤差の割合が少なければ，「信頼性」が高いと言えます。

4. 信頼性の検討

　では，信頼性の高低はどのように検討すればよいのでしょうか。また，検討するための数的指標はあるのでしょうか。

　先に述べた妥当性の検討では数的指標は使えませんでしたが，信頼性の検討には「信頼性係数」を計算してその数値を解釈することによって，信頼性の高低を検討することができます。具体的に言うと，再検査法，平行検査法，そして内的整合性の検討という，3つの方法があります。

①再検査法：同じテストを同じ対象者に2回実施します。そして，1回目と2回目のテスト得点の相関係数を求めます。相関係数については，第7章で説明しますが，簡単に言うと2つのテスト得点の関係の強さを数値で示したものです。予備実験ができるような研究では再検査法を実施することができますが，1度解いたら2回目の点数が良くなるという，いわゆる学習効果があると考えられる場合には，この方法は適切とは言えません。

②平行検査法：同じものを測定していると考えられる2つのテストを同じ対象者に実施し，それぞれの得点の相関係数を求めます。たとえば，教師作成のテストと，標準学力テストを受験させたとき，それらの得点の相関が高い場合には，教師作成のテストの信頼性は高いと言えます。しかし，テストを2回実施しなければならないため，教育現場においては経済的な方法とは言えません。

③内的整合性：一般的に信頼性を検討する場合に用いられるのが，内的整合性を検討する方法です。この方法は上に挙げた2つとは異なり，あるテストが首尾一貫して同じ対象を測定しているかどうかを検討します。この検討にはいくつかの数式が提唱されていますが，最もよく用いられるのは，クロンバックの α 係数と呼ばれるものです。これは，式1.1を用いて求めることができます（Cronbach, 1951）。

$$\alpha = \left(\frac{\text{項目数}}{\text{項目数}-1}\right) \times \left(1 - \frac{\text{各項目の分散の合計}}{\text{合計点の分散}}\right) \quad (1.1)$$

　この方法は，1回のテストを実施するだけでそのテストの信頼性を検討できるという意味で，教育現場におけるテストには最も使いやすい方法と言えますが，計算がやや煩雑です。また，各項目間の関係を検討するため，項目ごとの得点のデータが必要になります。なお，式(1.1)の「分散」とは，推定値として求める分散を指します（第3章第2節）。

　以上3つの方法で，それぞれ信頼性係数を算出することができます。信頼性係数は，-1.00から+1.00の範囲をとりますが，一般的に.80以上なら信頼性が高いテストであると解釈できます。また，テストの項目が多ければ多いほど，信頼性係数は一般的に高くなるという傾向があります。

表1-2　各生徒の項目ごとの得点

出席番号	問題番号																		
	1	2	3	4	5	6	7	8	9	10	11	12	…	45	46	47	48	49	50
1	0	1	1	0	1	1	1	1	1	1	2	2	…	2	3	3	3	3	2
2	1	1	1	1	1	1	1	1	1	1	1	2	…	2	3	3	3	3	2
3	1	1	1	1	1	0	1	0	1	1	0	0	…	2	3	3	3	3	3
4	1	1	0	1	0	1	1	1	1	1	2	0	…	2	3	3	3	3	3
5	1	1	1	0	1	1	1	1	1	1	2	2	…	2	3	3	2	3	2
6	1	1	1	1	1	0	1	0	1	1	0	0	…	2	3	3	3	3	2
…	…	…	…	…	…	…	…	…	…	…	…	…	…	…	…	…	…	…	…
89	1	1	1	0	0	0	0	0	0	0	0	0	…	2	0	2	3	2	0
90	0	1	1	1	1	1	1	0	1	1	2	0	…	2	0	2	3	3	3
91	1	1	0	1	1	1	1	0	1	1	0	0	…	2	3	3	0	0	0
92	1	0	1	1	0	0	1	0	1	1	2	0	…	2	0	3	2	0	2
93	0	1	1	1	0	0	0	0	0	0	0	0	…	2	0	0	0	0	0

　ここで，実際に実施されたテストの信頼性を検討してみましょう。表1-2は，各生徒の項目ごとの得点を表にしたものです。テストは50問からなり，93人が受験しました。このデータを統計ソフトによって分析した結果，内的整合性の指標であるクロンバックのα係数は.96でした。したがって，このテストは内的整合性という観点から見れば，信頼性は高いと言えます。

信頼性係数というのは，一般的に項目が多ければ多いほどその値も高くなるという性質を持っています。著者らの経験則では，定期テストなどの場合，英語の学力を代表する項目は比較的作りやすく，また問題数も多いため，信頼性係数は多くの場合.90以上になるようです。しかし，信頼性係数が高いことが，妥当性も高いということにはなりませんから，注意が必要です。そこで，ここまで説明した妥当性と信頼性の関係について考えてみましょう。

5．妥当性と信頼性との関係

　妥当性と信頼性というのは，一見したところ同じことを意味しているような気がしますが，どのように違うのでしょうか。また，両者の関係はどうなっているのでしょうか。

　確かに，一見したところ妥当性と信頼性は同じことと捉えてしまうのも無理のないことです。しかし，教育測定の分野では，これらを厳密に分けて考えています。もう少しそれらの概念を整理して考えてみることにしましょう。
　たとえば，「かわいい犬」の写真を撮る場合を考えてみましょう。このとき，本当に「かわいい犬」を選んで撮っているか，カメラのレンズを向ける方向が「妥当性」と言えます。また，「かわいい犬」をきちんとかわいく撮ることができるかどうか，そのレンズの精度が「信頼性」と言えます。
　これを，英語のテストに置き換えて考えると，きちんと英語の学力を対象としているか，つまり，教師作成の定期テストなどの場合には，授業内容に即しているかどうかが「妥当性」です。また，そのテストが対象となる英語の学力をどのくらい正確に測定できるかが「信頼性」です。ですから，オーラル・コミュニケーションのテストなのに長文読解問題ばかりのテストを実施したとします。そしてその長文読解のテスト問題の信頼性係数を算出したら.80以上だった場合，確かにそのテストの信頼性は高いと

言えますが，オーラル・コミュニケーションのテストとしての妥当性は極めて低いと言わざるを得ません。

このように考えると，テストを作る上で真っ先に考慮されなければならないのは妥当性であり，妥当性の高いテストを作った上で信頼性が高くなるようにしなければならないということがわかります。

では，最後に，妥当性と信頼性の高いテストにするための条件を挙げておきましょう。

〈妥当性〉
　①作成するテストが，何を目的としているのかを明確にする。
　②どのような評価を行いたいかを明確にする。
　③テスト項目が学習内容からはずれていないかを確認する。

〈信頼性〉
　①そのテストが一貫して測りたい対象を測定しているかどうかを考える。
　②できるだけ各生徒の項目ごとの得点を記録し，それをもとに信頼性係数を算出する。信頼性係数が低かった場合には，テスト全体の構成から外れていると思われる項目は次回からは使用しないようにする。

教師自身によるテストの作成にあたっては，授業内容を考慮して習得されるはずの知識，考え方，技能に対する代表性の高い問題によってそのテストを構成し，なおかつ教師にわざとヤマをはずすという悪意がなければ，内容的妥当性が高いテストになる（並木, 1997）と言えます。信頼性の検討には統計ソフトなどを用いる必要がありますが，妥当性を高めることなら，そのような道具は必要ありません。繰り返しになりますが，テストを作る上で真っ先に考慮されなければならないのは妥当性です。ですから，まずは自分のテスト問題を見直して，妥当性の高い出題になっているかを検討し，その反省を次回以降のテスト作成に生かすことが求められていると言えるでしょう。

> **本章のまとめ**
>
> 1. 妥当性にはいくつかのタイプがある。その中でも教師がテストを作成する際に考慮すべきは，内容的妥当性と予測的妥当性である。
> 2. 妥当性の高いテストにするためには，そのテストの実施目的に即した出題にする。
> 3. テストでは「真の学力」をありのままに測定することはできない。したがって，信頼性を検討する必要がある。
> 4. 定期テストなどの場合には，授業内容に即しているかどうかが「妥当性」，そのテストが対象となる英語の学力をどのくらい正確に測定できるかが「信頼性」である。
> 5. まずは，妥当性の高いテストになるように努力する必要がある。

〈引用文献〉

Cronbach, L. J. (1951). Coefficient alpha and the internal structure of tests. *Psychometrika,* 16(3), 297-334.

Messick, S. (1995). Validity of psychological measurement. *American Psychologist,* 50(9), 741-749.

並木博（1997）『個性と教育環境の交互作用：教育心理学の課題』培風館.

第2章

得点・平常点・総括
──尺度の性質──

1. 尺度の性質

　尺度にはいろいろな種類があると聞きましたが，具体的にはどのようなことでしょうか。また，計算ができる尺度とできない尺度があると聞きましたが，数字になっていれば計算はできるはずだと思うのです。どういうことなのでしょうか。

　私たちは，日頃からテストを用いて英語の学力を測ろうとしています。では「測る」という言葉がどのような場面で使われるのかを考えてみましょう。すると，身長を測る，血圧を測る，気温を測る，学力を測る，など，いろいろな場面で用いられることがわかります。しかし，同じ「測る」という言葉を使っていても，その方法が異なります。具体的に言うと，身長の場合は，じかに身長計をあてがって測ります。しかし，学力というような，目に見えないものに直接定規などをあてがうことはできません。そこで，これらの違いを尺度の性質という観点から見ていくことにしましょう。

　まず，尺度は，比率尺度，間隔尺度，順序尺度，名義尺度の4種類に分けられます。この4種類の尺度の概念を簡潔に表すと，図2-1のようになります。

```
                ···−3   −2   −1   0   1   2   3···
                  |    |    |   |   |   |   |
①比率尺度       ——————————————————————————————
                それぞれの目盛りの間隔も等しく，0の点がある

                     1    2    3    4    5    6    7···
                     |    |    |    |    |    |    |
②間隔尺度       ——————————————————————————————
                それぞれの目盛りの間隔は等しいが，絶対的な0の点はない

                     1  2     3     4        5       6     7···
                     |  |     |     |        |       |     |
③順序尺度       ——————————————————————————————
                それぞれの目盛りの間隔が等しいとは限らない

                          性別は…
④名義尺度       （1）男性 ——————————（2）女性
                単に属性を割り振っただけ
```

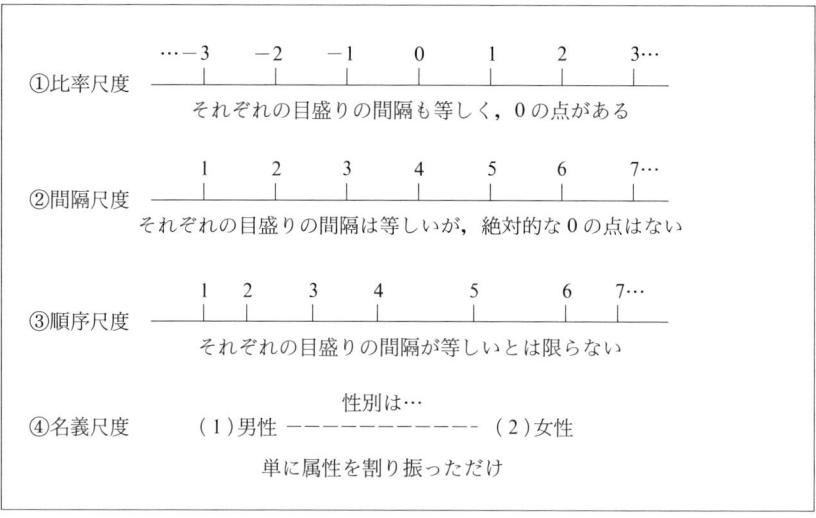

図2-1　尺度の性質

では，これらについて詳しく考えてみましょう。

①比率尺度：比率尺度とは，図2-1に示した通り，それぞれの目盛りの間隔が等しい，つまり1と2の差と2と3の差は等しいという性質があります。さらに，絶対的な0の点があるのが特徴です。絶対的な0の点があるということは，無の状態があるということです。たとえば，距離が0kmとは，距離がないことを意味します。他には，人数なども比率尺度に含まれます。

②間隔尺度：間隔尺度も比率尺度と同じく，それぞれの目盛りの間隔が等しい，つまり1と2の差と2と3の差は等しいという性質があります。しかし，絶対的な0の点はありません。たとえば，気温の場合，確かに温度計には摂氏0度という点はありますが，摂氏0度だからといって気温が存在しないという状態を示すものではありません。

③順序尺度：順序尺度は先に挙げた比率尺度や間隔尺度のように目盛りに数字を割り振ることはできますが，その間隔が等しいという保証はありません。図2-1で見ると，1と3の差と4と6の差は等しいとは

言えません。同様に，2＋3と1＋4が等しいという保証はありません。
④名義尺度：名義尺度とはただ単純に属性を割り振っただけで，数値の大きさや順位は何の意味も持ちません。図2-1では男性に1，女性に2という数字を割り振ってありますが，当然，男性の方が女性よりも先にくるということもなければ，女性の方が男性よりも段階が上ということでもありません。

2．英語のテストの尺度としての性質

では，私たちがふだん使っているテストの得点や評定などは，4種類の尺度のうちどれに当てはまるのでしょうか。

英語の学力を測定するための道具としてテストを使うわけですが，英語の学力というものに直接物差しをあてがうわけにはいきません。また，英語の学力を1つ2つ…というように，目で見て数えることもできません。さらに，多種あるテスト問題のうちで1点上がれば，どの問題であっても必ず英語の学力が1点分上がったとは言えません。また，5段階評定で5の生徒と4の生徒の学力差は，3の生徒と2の生徒の学力差と同じであるという保証はありません。このように考えると，テストの得点も評定も，厳密な意味では順序尺度であると言えます。

順序尺度というのは，先に説明したように目盛りに数字を割り振ることはできますが，その間隔が等しいという保証はありません。ですから，順序尺度である2つのテストの得点を足し算した場合，30点＋40点と50点＋20点が等しいという保証はありません。

このように，一般的には順序尺度に対して四則演算などを行うことはできないとされています。しかし，膨大なデータを用いて評定などを行うわけですから，それらのデータを何らかの形でまとめる必要があります。そのときには，計算をするというのは確かに便利な方法と言えます。ただ，本来は得られたデータの性質をじっくり検討する必要があります。

3. テストの得点と平常点

> 評定は，テストの得点と平常点を合計して行っています。すると，テストの点が悪くても良い成績がつく生徒がいるので，違和感があります。この手順は適切なのでしょうか。

評定を行う際には，何について「評定」しようとするのかという根本的な点を，常に念頭に置く必要があります。もちろん，データとにらめっこしながらじっくり考えることのみが正しい評定を行う方法だとは言えません。しかし，テストの得点はともかく，ノート提出や忘れ物，さらには授業中におけるネクタイやリボンの着用まで点数化し，それらの合計で評定を行うという，無意識な数値化と計算が行われている現状が一部にあるということは，見直す必要があると言えるでしょう。

たとえば，100点満点のテストを実施したとします。単語問題を各1点，英訳・和訳問題を各2点，英作文の問題を各3点という配点で，仮に問題を作ったとしましょう。また，授業に遅刻したら1点減点，英語の授業での忘れ物も1点減点で平常点をつけたとします。

先ほど，順序尺度に対して四則演算を行ってはならない理由として，その間隔が等しいという保証はないため，順序尺度同士を足し算すると，2+3と1+4は等しいという保証もないことを挙げました。この，テスト得点と平常点の合算についても，同じような問題があると考えられます。

四則演算は本来，1と2，2と3，3と4の間隔はいずれも等しいというような場合にのみ行うことができます。上の例のように平常点とテストの得点を合算するということは，「1回遅刻することと単語が1つ書けないということは等しい」ということに他なりません。もちろん，「英語の学力」以外にも学習状況なども含めて，「英語の授業と学習の成果」と見なして評定を行いたいというのは自然な考えですが，評定を行う教師がしっかりとした学習に対する考え方を持ち，きちんと説明できる場合にこそ可能となるものでしょう。しかしその場合でも，「2回ネクタイを忘れることと英訳が1つできないということは等しい」という考えには簡単に同意

できるものではありません。

　さらに問題となるのは，学習についてのさまざまな個人資料を評定に総括すると，「遅刻したから成績が悪いのか」もしくは「長文読解が苦手だから成績が悪いのか」といった情報が消えてしまうことです。ですから，無意識な数値化と計算が行われている現状は改められなければなりません。

　そのためには，教師一人ひとりが，日頃用いているテスト得点や評定は，尺度としてどのような性質を持っているのか，また，それをどのように扱えばよいのかについて理解しながら日常の教育活動におけるデータを利用する必要があります。自分たちが日常扱っているデータの性質を理解することが，よりよい評価とデータの処理につながると言えるでしょう。

本章のまとめ

1. 尺度には，比率尺度，間隔尺度，順序尺度，名義尺度の4種類がある。
2. 教育現場で用いられるデータは主として順序尺度であり，本来は四則演算が不可能である。
3. 自分の扱っているデータの種類とその性質を理解する必要がある。

第3章

テスト実施後の処理
—— 平均, 標準偏差, 標準得点と偏差値 ——

1. データを要約する：平均値, 中央値, 最頻値

> テストを行った後に，クラスごとに平均を出して，そのクラスの出来具合を見ていますが，それで十分でしょうか。

　テストが終わり，クラスの出来具合を見ようとしたとき，一人ひとりの点数を眺めていてもよくわかりません。平均を出すことで，点数を「要約」してわかりやすくすることはよく行われていますから，ことさら計算方法について解説する必要はないでしょう。

　「平均値」は，データの「真ん中」はどこかを探すときに用います。真ん中がわかれば，その集団の特徴が浮かび上がってきます。真ん中を知る方法には平均値の他にも2つあります。まず，「中央値」というものがあります。これは，得点を最高点から最低点まで順番に並べて，ちょうど真ん中にくる得点を指します。たとえば，5人の生徒が小テストを受けて，5点，6点，7点，8点，9点だったとします。このとき，中央値を探すと，上から数えても下からも数えてもちょうど3番目の得点である7点が中央値になります。

　人数が偶数のときはどうでしょうか。奇数のときはちょうど真ん中にくる人がはっきりしますが，偶数の場合は真ん中にあたる人がいません。そのときは，真ん中前後の2人の点数の平均を中央値にします。例えば，6人の人が小テストを受けて，得点がそれぞれ4点，5点，6点，7点，8

点，9点だったとします。このときは真ん中の前後には6点と7点があり
ますから，この2つの平均である6.5点が中央値になります。

　中央値の他に，真ん中を示す指標として最頻値というものもあります。
これは，「最」も「頻」度が高い「値」のことです。得点ごとに，その得
点を取った人の人数を数えて，一番人数が多い得点が「最頻値」になりま
す。たとえば，小テストで，5点をとった人が2人，6点をとった人が5
人，7点をとった人が4人，8点をとった人が3人だったとします。この
とき，一番人数が多いのは6点ですから，最頻値は6点ということになり
ます。

　しかし，データの真ん中を知るだけではわからないこともあります。や
や極端ですが，次の例を考えてみましょう。A組，B組とも30名ずつい
ます。同じテストを受けたところ，表3-1のような結果になり，得点ごと
の人数を表にすると，表3-2のようになりました。

表3-1　個人ごとの得点

出席番号	得点		出席番号	得点		出席番号	得点	
	A組	B組		A組	B組		A組	B組
1	50	20	11	50	40	21	40	60
2	50	20	12	50	50	22	40	60
3	50	30	13	50	50	23	40	60
4	50	30	14	50	50	24	40	60
5	50	30	15	50	50	25	40	60
6	50	40	16	50	50	26	60	70
7	50	40	17	50	50	27	60	70
8	50	40	18	50	50	28	60	70
9	50	40	19	50	50	29	60	80
10	50	40	20	50	60	30	60	80

表3-2　度数分布

クラス	得点ごとの人数									
	～10点	～20点	～30点	～40点	～50点	～60点	～70点	～80点	～90点	～100点
A	0	0	0	5	20	5	0	0	0	0
B	0	2	3	6	8	6	3	2	0	0

　A組もB組も，平均値も中央値も最頻値も50点です。これらの真ん中
を示す指標を見る限り，2つのクラスは同じように見えますが，A組では

一人ひとりの点数が真ん中の近くに集中しているのに対し，B組では真ん中からかなり離れたところまで散らばっています。グラフにしてみると一目瞭然です（図3-1）。

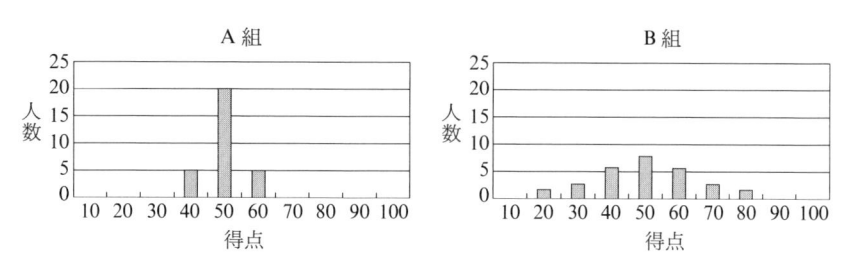

図3-1　A組とB組のテスト得点の度数分布グラフ

　平均値，中央値，最頻値はあくまで「真ん中はどこか」教えてくれるものであって，点数のばらつきまでは教えてくれません。より集団の特徴を知るためには，真ん中を知ると同時に，ばらつき具合についても知った方がよいでしょう。

2. ばらつきを見る：分散，標準偏差

　　ばらつきを見るとしても，一人ひとりの点数を見るのは手間がかかり
　　ます。何か便利な方法はありませんか。

　ばらつき具合を示す指標として，「分散」「標準偏差（偏差値ではない）」があります。両方とも，平均値からのばらつきの平均のようなものと考えるとよいでしょう。
　ところで，一般に「分散」「標準偏差」と呼ばれるものには，検定などのその後の統計処理のために推定値として求める「不偏分散」「不偏標準偏差」と，推定値ではない「分散」「標準偏差」があります。一般的に統計ソフトなどでも前者がそれぞれ「分散」「標準偏差」と呼ばれます。目的によっては推定値でない後者が有用ですが，それはまれな場合です。したがって，次の段落以降では，特にことわりのない限り「不偏分散」「不

偏標準偏差」のことを「分散」「標準偏差」として扱います。

　分散は次のように計算します。まず，全員について，一人ひとりの得点から平均値を引いた値を求めていきます。そのままではマイナスになる場合もありますから単純に合計して考えられないので，引き算で求めた各人の値を二乗して必ずプラスになるようにします。そして，全員分のその二乗した値を合計し，最後に「人数から1を引いた数」で割ります（参考までに，推定値でない「分散」の場合には，最後に「人数」で割ります）。

　しかし，分散を計算する途中で，値を二乗しているため，この数値はテストの得点の単位として見ることができません。仮に分散が30と出ても，それは30「点」ではないのです。そこで，元の単位にもどすために，分散の平方根をとります。つまり，二乗すれば分散になる値を $\sqrt{}$ を使って求めるのです。この値を，標準偏差と言います。

　表3-1のA組とB組の例を使って，それぞれ分散と標準偏差を計算してみましょう。A組は分散＝34.48, 標準偏差＝5.87, B組は分散＝248.28, 標準偏差＝15.76となります。これを見ると，B組のばらつきの方が大きいことがわかります。真ん中を表す指標とあわせて，ばらつきについても見ることによって，クラスの特徴をより詳しく知ることができます。

3．集団の中での位置を知る：標準得点，偏差値

> リーディングのテストと文法のテストを行いました。2つのテストでの出来具合を，一人ひとりにフィードバックしたいのですが，2つのテストで平均点が異なります。どうしたらよいでしょうか。

　テストが違えば平均点も違ってきます。平均点が違えば，同じ得点でも意味合いが変わってきます。たとえば，ある生徒Aさんがリーディングと文法のテストの両方で70点をとったとします。リーディングテストの平均は50点で，文法テストの平均は70点だったとします。このときAさんの出来はどうでしょうか。リーディングテストの平均が50点のときにAさんは70点取っていますから，真ん中よりも上であると言えます。

しかし文法のテストでは同じ70点を取っていますが,平均点も70点ですので,Aさんは文法テストでは真ん中あたりとなります。

このように平均値が異なれば,もともとのテストの得点だけでは,テストを受けた人の中での自分の位置がよくわかりません。また,違うテストとの比較も難しくなります。平均値が変わっても比較できるような指標があれば便利です。

このようなとき,平均値の違いによらず,集団での位置を数値化したものが,「標準得点」です。これは,計算によって平均値とばらつき具合を,ある一定の点にくるように変換した値です。このように変換することを「標準化」と言います。式(3.1)を用いて,平均値が0,標準偏差が1になるように変換します。

$$標準得点 = \frac{個人の得点 - 平均値}{標準偏差} \tag{3.1}$$

こうすることにより,一人ひとりの得点が平均値から標準偏差何個分離れているかわかります。

たとえば,あるテストの平均点が50点,標準偏差が10だったとします。Aさんは45点をとり,Bさんは70点をとりました。このとき,2人の標準得点は,Aさんは「$(45-50) \div 10 = -0.50$」,Bさんは「$(70-50) \div 10 = 2.00$」となります。Aさんは-0.50ですから,平均値から標準偏差の半分だけ低いということがわかります。Bさんは$+2.00$ですから,平均値から標準偏差2個分(=ばらつきの平均の2倍)離れていることになります。

しかし,点を「とった」のに,得点がマイナスというのはわかりにくく,また,マイナスの記号は見落としやすい上に,入力などの処理を行うのには不便です。マイナスを見落としてプラスにしてしまうと,まったく意味が変わってしまいます。

そこで,標準得点を変換することにより,扱いやすくできます。式(3.2)を用いて平均が50,標準偏差が10となるようにすれば,マイナスを使うこともなく,扱いやすくなります。これが一般に知られる「偏差値」

です。上の例の A さんの偏差値は 45，B さんは 70 となります。

$$偏差値 = 標準得点 \times 10 + 50$$
$$= \left[\frac{個人の得点 - 平均値}{標準偏差} \right] \times 10 + 50 \quad (3.2)$$

ここで標準偏差，標準得点，偏差値と得点の分布の関係について見てみましょう。図 3-2 はデータの分布と，標準偏差，標準得点，偏差値の関係を表したものです（岩原（1967），倉智・山上（1994）を参考に作図）。

標準偏差	−3	−2	−1	平均	+1	+2	+3
標準得点	−3	−2	−1	0	+1	+2	+3
偏差値	20	30	40	50	60	70	80

（2.2%，13.6%，34.1%，34.1%，13.6%，2.2%）

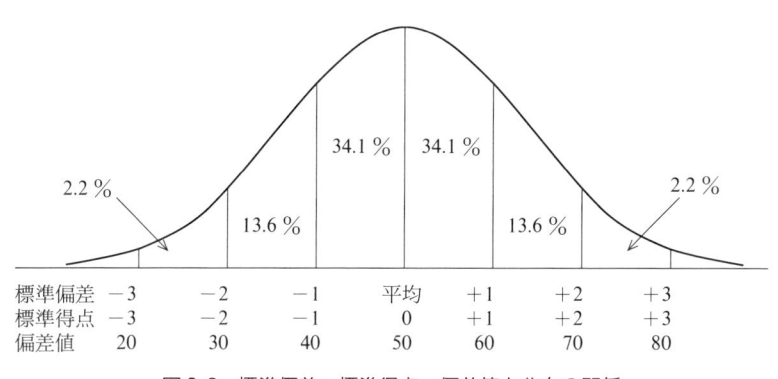

図 3-2 標準偏差，標準得点，偏差値と分布の関係

この図では，データが平均値を境にして左右対称に広がっていますが，データがこのような形に分布することを「正規分布」と言います。大人数からデータを集めると，一般的に分布がこのような形になることが知られています。データが正規分布する場合，平均値から標準偏差 1 個分だけ上がったところまでの範囲に，およそ 34.1 %（34.13 %）の人が集まります。逆に平均値から標準偏差 1 個分だけ低いところまでの範囲にも，（分布が左右対称なので）およそ 34.1 % の人が集まります。したがって，平均値から標準偏差±1 個分（つまり標準得点の −1 から +1，または偏差値の 40 から 60 の範囲）には，およそ 68.3 %（68.26 %）の人が集まります。範囲を広げて標準偏差±2 個分とすると，−2 標準偏差の点から +2 標準偏差の範囲に，およそ 95.4 % の人が集まります。

このように，データが正規分布する場合，標準偏差何個分か範囲を指定すると，そこに入る人の割合がわかります。これを応用したものが，従来の相対評価においてよく行われてきた5段階評価です。5段階評価では，5が7％，4が24％，3が38％，2が24％，1が7％という割合を目安に割り振られることがありますが，この割合は正規分布がもとになっています。5が7％というのは，平均から標準偏差1.5個分の点より上に集まる人数がおよそ7％であることがもとになっています。同様に，4が24％というのは，標準偏差+0.5個分から+1.5個分の範囲に約24％の人が集まることに基づいています。3が38％なのは，標準偏差±0.5の範囲におよそ38％が集まるためです。2は標準偏差-0.5個分から-1.5個分の範囲，1はそれ以下を指します。図3-3はその分布図です。

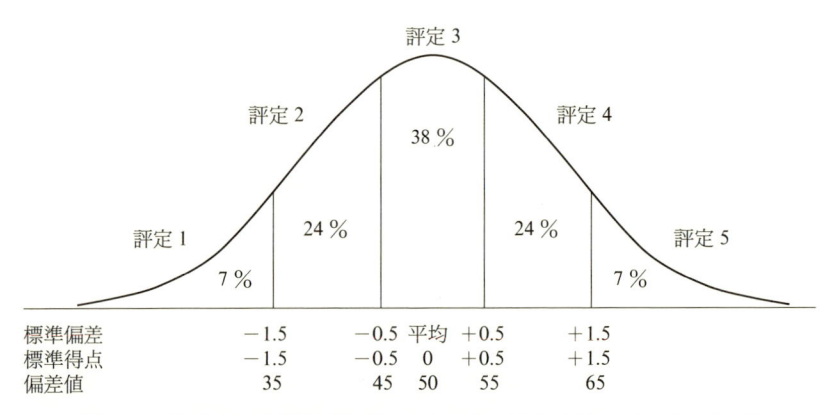

標準偏差	−1.5	−0.5 平均	+0.5	+1.5
標準得点	−1.5	−0.5　0	+0.5	+1.5
偏差値	35	45　50	55	65

図3-3　正規分布と5段階評価（池田（1971），岩原（1967）を参考に作図）

ただしこの割合は，データが正規分布することを前提としていますので，人数が少なくデータの分布が左右対称の広がり方にならない場合，上の割合は成り立ちません。したがって，絶対に上位7％の人に限って5という評定をつけなければいけないという意味ではありません（並木，1994）。ここに，集団内での位置に依存する評価である集団に準拠した評価（いわゆる相対評価）の限界と，集団内での位置に関係なく目標の達成

度によって評価を行う目標に準拠した評価（いわゆる絶対評価）の利点があるとも言えます。

4. 偏差値が教えてくれること，教えてくれないこと

> ある生徒が模試を受け，英語の偏差値が55でした。その後に別の模試を受けたら偏差値が45でした。この生徒の英語の実力は落ちたのでしょうか。

この結果だけで実力が落ちたと考えるのは早計です。偏差値を読み取るとき気を付けなければならないのは，偏差値が示すものは絶対的な実力ではなくて，テストを受けた人の中でどの辺に位置するのか，ということなのです。つまり，テストを受ける人が変われば，偏差値も変わるということです。したがって，偏差値とはそのテストを受けた受験者集団の中だけで有効なものであり，偏差値が一人歩きして「絶対的な実力の指標」とされてはなりません。

次のような例を考えてみましょう。英語を習いたての中学1年生の生徒Aさんが，ある中学1年生向けの英語のテストを受けて，70点を取ったとします。そのテストの受験者はみんな中学1年生でした。平均点は60点，標準偏差は10でした。Aさんは70点とりましたので，ちょうど標準偏差1個分だけ平均を上回っているので，偏差値は60になり，かなり成績がよいということになります。このとき，60という数字は，テストを受けた受験者の中での位置を示していることを忘れてはなりません。Aさんは，このテストの受験者の中では高い位置にあると言えます。

しかし，受験者が変われば話は別です。もし同じテストを，中学3年生が受けたとします。3年生ですから，彼らにはこのテストはとても簡単なはずです。案の定ほとんどの人が高得点をとりましたので，平均が90点，標準偏差が10でした。もしこのとき，Aさんが同じテストを受けていたらどうでしょう。Aさんの得点は70点ですから，平均よりも標準偏差2個分低いことになります。偏差値で言うと30になり，かなり低い位置に

なってしまいます。

　このときに間違えてならないのは，偏差値30という数字は，決してAさんに実力がないと言っているわけではないということです。3年生だらけの中での位置が相対的に見て低いということだけしか言えません。このように，偏差値とはテストを受けた集団に依存するものなのです。

　テストを受ける集団が異なるとき，偏差値を厳密に比較はできませんので注意が必要です。あくまでその集団での位置を示すものですから，どういう集団なのか（1つの学校の生徒，日本全国の中学生，高校生，子どもから大人まで含む，など）を把握してから，その中で一人ひとりがどの位置にいるのかという点について解釈するようにしましょう。

本章のまとめ

1. クラスの特徴を知るためには，データの真ん中を知るとよい。その指標として，平均値の他に，中央値，最頻値がある。
2. 真ん中だけではわからないこともあるので，ばらつき具合を検討する必要がある。そのために分散と標準偏差を用いる。
3. 異なるテストでは平均点が異なるので，点数の評価が難しい。そのため，平均値と標準偏差が一定の値になるように変換する。これを標準化と言い，標準化によって求められた値を標準得点と呼ぶ。
4. 一般に言う偏差値とは，標準得点を扱いやすいように変換したものである。
5. 偏差値は，集団の中での個人の位置を示すものであるから，比較をしたい場合，集団が異なるときは注意しなければならない。

〈引用文献〉

池田央（1971）『行動科学の方法』東京大学出版会.

岩原信九郎（1967）『推計学による新教育統計法 増補版』日本文化科学社.

倉智佐一・山上暁 編著（1994）『要説心理統計法 改訂版』北大路書房.

並木博（1994）「教育評価と学習指導」並木博 編著『教育心理学へのいざない』八千代出版，pp.105-131.

第4章

テストの結果を比べる：男女の場合
―― t 検定 ――

1. 平均の違いは実力の差か

よく「今回のテストでは男子が平均 75 点，女子が平均 78 点で，女子の方がよくできた」というように，平均点を比べて出来具合を評価していますが，本当にそういうことを言って大丈夫でしょうか。

試験の後にクラス別や男女別に平均点を出して，どのクラスが良かった・悪かったとか，男子と女子のどちらがよくできたか，という話がなされますが，ここでまず考えるべきことは，「平均値が違うと，学力に差があると言えるか」ということです。

まず，平均値だけを取り上げてクラス間や男女間に力の差があるとは言えません。なぜなら，平均値はあくまでグループの真ん中を表す指標ですから，全員がその平均点と同じ得点をとったわけではありません。各自の得点にはばらつきがあるのですから，それも考慮に入れるべきです。男女の平均，または 2 つのクラスの平均が違うときでも，一人ひとりの得点を見ると，同じ点数をとった人が両方のグループにたくさんいたりもします。したがって，平均値が違うというだけで，男女間や 2 つのクラスの間に差があるとは言えません。

もう少し深く考えるために，図 4-1 で平均値の違いについて考えてみましょう (Hatch & Lazaraton, 1991)。これはグループ A とグループ B の点数を，簡単な分布図に表したものです。縦の線が平均値を表します。①の

図では，確かに平均値は B の方が上ですが，A の得点の分布と B の得点の分布が，かなりの部分で重なり合っています。つまり，平均値は違うけれども，同じ点をとった人が多いということです。このように，分布が大きく重なっているようなとき，グループは 2 つありますが，どちらかと言えば大きな 1 つの集団を形成しているようにも見えます。したがって，2 つのグループは実力に差があるとは言えなさそうです。

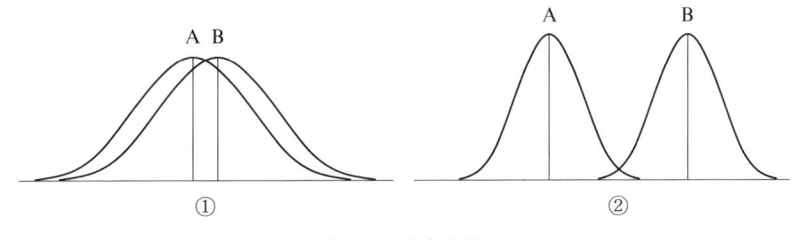

図 4-1 分布の例

一方，②は①と違い，分布の重なりがほとんどありません。それぞれのグループが，独立した集団を表しているように見えます。このように重なりが小さいときは，2 つのグループに差があると言ってもよさそうです。

①と②が示すように，単に平均値に違いがあるからといって，それがすなわちグループの実力の違いだと言うのは，根拠に欠けます。しかし，分布を図に表して重なり具合を見るだけで差があるかどうかわかるとも限りません。判断が難しい場合もあるからです。では，図にする以外にどうすれば差があるかどうかわかるのでしょうか。以下でその方法について考えてみましょう。

2. 2つのグループの差の検定：t 検定

平均だけでなく，ばらつきも考えたり，図にして分布の重なり具合を検討したりするという方法はわかりました。自分の判断だけでなく，確率的に差があるとか差がないとか言うための方法はありませんか。

2つのグループを比べて，平均に差があるかどうか調べたいときは，「t 検定」を使います。t 検定とは，2つのグループの平均値の違いが，偶然出てきたものなのか，それとも，たとえば実力や傾向の違いが表れたものなのかを，確率的に教えてくれる手法です。ではどのようなことをやるのでしょうか。実際は複雑な計算がなされるのですが，ここではそれには触れないことにして，t 検定の流れだけ押さえましょう。

　t 検定を簡単に言うと，2つの平均に「差がないと言える確率」を調べ，それが極端に低く，差がないとは言えないようなときには，「差がある」と言える，という論理です。ただし極端に低いというだけでははっきりしませんから，「差がないと言える確率」がこれ以下なら差があると結論づける基準（有意水準）を，5％と定めるのが一般的です。また，この「差がないと言える確率」のことを p 値（有意確率，危険率）と呼びます。

　2つのグループの平均の差を検討する t 検定の手順は，次の通りです。まず，2つのグループの平均値と分散と人数を用いて，t 値という値を計算します。また，検定の結果は人数にも左右されるため，人数から自由度という値を求めます。その結果，「差がないと言える確率」を調べます。

　では，実際に例を見てみましょう。あるテストを行った結果，男子と女子で表4-1のような点になりました。

　男子は，平均値が62.07，標準偏差が13.33でした。女子は，平均値が65.20，標準偏差が12.96でした。平均値では女子の方が高いですが，男女の間には本当に差があると言ってよいのかどうか，t 検定をしてみます。

　まず，t 値が-0.92 となりました。比べている人数は30人のグループが2つありますから，60人を比べていることになります（このとき，自由度はそれぞれのグループの人数（30人）から1を引いて，それを足した数になります。つまり，$(30-1)+(30-1)=58$ となります）。そして，60人を比べているとき（自由度が58のとき）t 値が-0.92 ある場合の p 値は，.36となりました。有意水準5％で差があると言えるかどうかを判断すると，p 値が.05よりも大きいですから，男女間に有意差（統計的な検定の結果によって有意であると判断される差）があるとは言えないとい

表 4-1　得点の一覧

出席番号	得点 男子	得点 女子	出席番号	得点 男子	得点 女子	出席番号	得点 男子	得点 女子
1	48	65	11	64	79	21	59	55
2	71	75	12	42	68	22	59	56
3	71	41	13	86	74	23	57	47
4	69	63	14	59	60	24	36	66
5	71	65	15	53	72	25	53	58
6	68	61	16	70	72	26	91	63
7	68	60	17	55	91	27	69	90
8	46	63	18	51	65	28	77	64
9	56	95	19	88	79	29	55	45
10	51	49	20	70	55	30	49	60

うことになります。

　上の数字の中で，特に p 値の意味を解釈してみましょう。.36 というのは「差がないと言える確率」を表します。つまり，36％の確率で「差がない」という意見が当たるわけです。36％とは，およそ 3 回に 1 回の確率ですから，このときにもし「差がある」と言うと，それは 3 回に 1 回の割合で外れる可能性があることを示します。3 回に 1 回も外れてしまうのでは，差があるという意見は信頼できなくなるのです。

3.「差がある・ない」の意味

　　実際には平均値に差がある。しかし，確率的には平均値に差がない。
　　だから，その差がないと言ってしまうのはおかしいのではないでしょうか。

　ここでもう少し詳しく，「差がある・ない」ということの意味について説明します。t 検定は 2 つのグループの平均値に差がある・ないということを調べると書きましたが，厳密に t 検定が何を調べるのかというと，その比べている 2 つのグループは何を「代表」しているか，ということを調べるのです。

　「代表」とは具体的に言うと，比較している 2 つのグループは，異なる 2 つの集団を代表しているのか，または同じ 1 つの集団を代表しているの

か，ということなのです。t 検定の結果，「差がある」という結果になったときに，それは実は，比較した2つのグループは，もともと実力や傾向の異なる別々の集団を代表しているものである，ということを意味しています。反対に，t 検定の結果「差がない」となった場合，それは，比較した2つのグループは，実はもともとは同じ1つの集団だった，ということを意味します。

　2つの異なる集団を代表しているとき，もとが違うので，平均に差があると考えます。つまり，比較している2つのグループの平均値の差は，もともとの集団の差から出たものと考えられるわけです。逆に同じ集団を代表しているときは，もとが同じなので，差がないという結論を下します。つまり，比較している2つのグループの平均値は，見かけでは差があるように見えても，もともとは同じ集団を代表しているのならば，それは力の差とは言えないと考えるわけです。

　この章のはじめに図4-1を使って，平均値に違いがあっても，分布の重なりが大きいと差があるとは言えないと述べました。

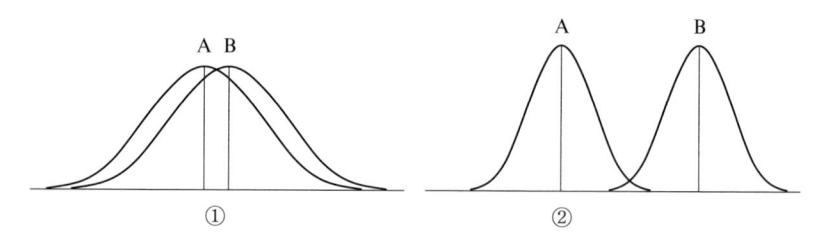

図4-2　分布の例（図4-1と同じ）

　図4-2の①のように分布が大きく重なっていると，AとBというグループが2つあっても，全体として大きな1つの集団を作っているように見えます。つまりAとBには差がなく，2つは実はもともと同じ集団を代表していると考えられるわけです。一方，②の方は，分布があまり重なっていないので，2つのグループは別個の集団を成しているように見えます。このようなときに2つの間には差があると考えられ，それぞれが実力

や傾向の異なる集団を代表していると考えられるわけです。

別の図で説明すると，たとえば t 検定を用いて男子と女子を比較して，差がないという結論だった場合は，比べた集団は2つあっても，もともとは同じ集団からきたものだと考えますので，図4-3のようになります。

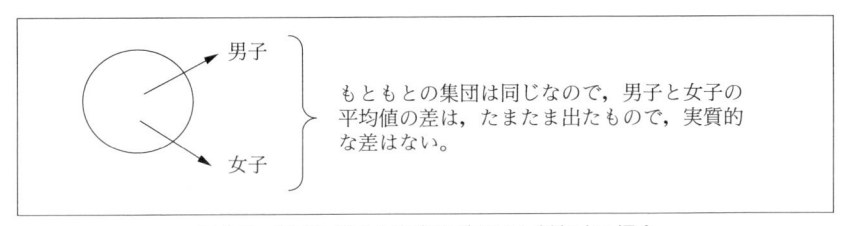

図4-3　集団の構成：有意差がないと判断する場合

差があるという結果のときはどうでしょうか。差があるというときは，違う集団を代表していると考えますから，図4-4のようになります。

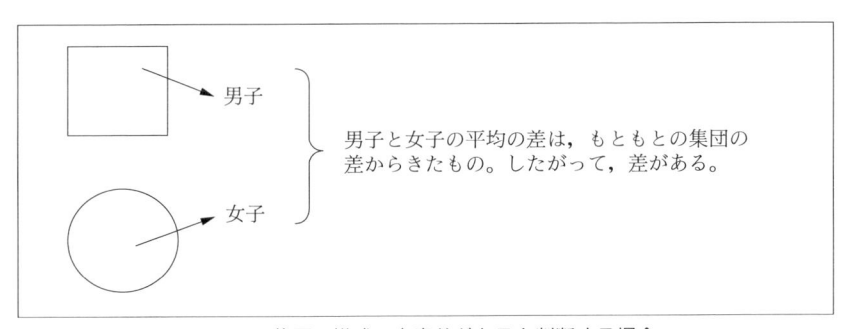

図4-4　集団の構成：有意差があると判断する場合

ここでは統計の専門用語を使わずに説明していますが，専門的には，母集団と標本集団という言葉があります。この母集団が，ここで言う「もともとの集団」にあたり，標本集団は「男子」または「女子」にあたります。t 検定は，母集団に差があるために，標本集団の平均値に差が出たのかどうか確かめる方法と言えます。

4. 有意差は大きい差か

　t 検定を行って，p 値が.05以下だったので，5％水準で有意差があるという結論になりました。この結果をもとに，2つのグループの差が大きいと言ってよいのでしょうか。

　t 検定を行って，有意差があると判断されても，それは「差がないと言える確率」が一定以下だったということしか意味しません。有意差は差の大小については何も語ってくれません。差の大きさを見たいときは，平均値の違いそのものを見ましょう。

　注意すべきことは，平均値の違いがとても小さくても有意差が出ることもあるので，有意差が出たといっても，意味のある差かどうか検討することが必要です。特に比べている人数が多いときは，差が小さくても有意差があるという結果になることがあります。たとえば，300人のグループが2つあり，この2つのグループのテストの点数を比較すると，100点満点のテストで平均値の違いは3点だったとします。そしてこのときに t 検定を行って，差があるという結果だったとします。しかし，100点満点のテストで3点の違いというのはわずかな違いでしかなく，それがすなわち実力の違いと言えるかどうかは疑問です。大切なのは，仮に t 検定の結果として有意差があると判断されても，その差が本当に意味のある差なのかどうか検討することです。有意差とは確率的に差があると言っているだけで，差の意味までは説明してくれません。

5. 繰り返しあり・なし

　受け持っている生徒が英語の学習が好きかどうか，6段階（6：とても好き～1：嫌い）で調査しました。1年が終わってから，生徒の気持ちに変化があったかどうかを知るために，同じ調査を同じ生徒に行いました。2回分のデータを比較したいのですが，このようなときにも t 検定を行えばよいのでしょうか。

このような場合にも，t 検定を使うことができます。ただし，これまで説明した t 検定とは計算式が異なります。

なぜ違う計算方法を用いるのかというと，比べているグループがこれまでの例と異なるからです。これまで説明してきた t 検定では，比較される 2 つのグループは，それぞれメンバーが異なりました。たとえば，男子と女子を比べる場合，男子のグループに属する人と，女子のグループに属する人は，すべて異なります。同じ人が両方のグループに属することはありませんでした。したがって，比較は異なる人の間で行われます。しかし上の質問の調査では，同じ人が 2 回調査を受けているわけですから，比較されるグループは 2 つあっても，属している人はみな同じ人です。したがって，比較は同じ人の間で行われるわけです。

t 検定を行う際，違う人を比べているのか，または同じ人を比べているのか見極めることも必要になってきます。違う人を比べる t 検定を，「繰り返しなしの t 検定」と呼びます（対応なし，独立標本，といった用語が使われることもあります）。また，同じ人を比べる t 検定を「繰り返しありの t 検定」と呼びます（対応あり，反復測定，従属標本，といった用語が使われることもあります）。

統計ソフトを使う場合，繰り返しありかなしかを選択するところがあります。適切な方を選んでください。なお，この繰り返しあり・なしの違いは，次章で説明する分散分析など，他の検定にも当てはまります。

6．t 検定を行う前提条件

平均を比べるときには，いつも t 検定を行えばよいのですか。

t 検定を行うにあたっては，前提があります。t 検定は，パラメトリック検定と呼ばれる検定のひとつです。このパラメトリック検定は，標本集団（比較しようとしているグループ）が代表しているもとの集団（母集団）の分布についての前提をもとにしています。母集団の分布に関する前提は 2 つあります。

①母集団が正規分布していること（正規性）。

②2群の母集団の分散が等しいこと（等分散性）。

この2つの前提が満たされていることが，t検定を行う際に求められます。

では，正規分布しているかどうか調べるにはどうしたらよいでしょうか。それには分布に関する検定を行うとよいでしょう。コルモゴロフ・スミルノフの検定やシャピロ・ウィルクのW検定などがあります。これらは，データが正規分布の母集団から得られたものかどうか検定を行います。また，これらの検定とあわせて，データを分布図に表して，視覚的に吟味することも方法の1つです。検定は万能ではありませんので，積極的に分布図の吟味で検定を補いましょう（StatSoft, Inc., 2002）。

正規分布という前提以外にも，2つの母集団の分散が等しいという前提もあります。分散が等しいかどうか調べる方法があります。統計ソフトによっては，t検定を行う過程で分散が等しいかどうかの検定や正規分布に関する検定を行ってくれるものもあります。

また，パラメトリック検定は原則としては間隔尺度か比率尺度（第2章）の変数に対してのみ使用できるのですが，実用性を考慮した上で順序尺度（第2章）を間隔尺度と見なして用いることがよくあります（たとえば，本章第5節）。

7．前提が満たされない場合

> 正規性と等分散性の2つの前提が満たされなかったら，t検定は行ってはいけないのでしょうか。

t検定は，前節で説明したこれらの前提が満たされないときでも，結果が歪みにくいと言われています。特に，正規性が満たされていなくても，t検定は非常に頑健である（結果が歪まない）と言われています（岩原，1965）。また，分散の等しさが満たされていない場合でも，比べているグループの人数が大きく異ならないならば，t検定の結果は歪まないと言わ

れています（南風原，2002）。したがって，前提については特別に神経質になる必要はないでしょう。

ただし，前提を満たしていた方が t 検定の結果はより信頼できるわけですから，分析を行う前に，前提を満たしているかどうか確かめてから，t 検定を行うかどうか判断することが望ましいと言えます。

t 検定を行う過程で等分散性の検定を行い，かつ，この前提が満たされないときに t 検定を修正してより信頼のおける結果を出してくれる統計ソフトもあります。このような便利なソフトを使っている場合は，分散の等しさの検定の欄も確認するようにしましょう。

8. t 検定以外の方法

前提が満たされておらず，t 検定を使うのはやめた方がよいと思った場合，どうしたらよいのでしょうか。

パラメトリック検定のひとつである t 検定は，前述したように分布について前提がありました。t 検定は計算に平均値と分散を使いますが，分布についての前提が満たされているとき，平均値と分散はグループの特徴を表す有効な指標になります。前提が満たされないときは，平均値と分散はグループの特徴をあまり反映しないので，それ以外の指標が必要になります。

そのようなときは，分布についての前提を必要としないノンパラメトリック検定の手法を使います。ノンパラメトリック検定は，順位や中央値を使って計算を行うので，分布に関する前提がいりません。繰り返しのない t 検定の代わりにはマン・ホイットニーの U 検定と呼ばれる方法を，また繰り返しありの t 検定の代わりには，ウィルコクスンの符号付順位和検定という方法が適用できます。これらの方法については，第6章のノンパラメトリック検定の説明を参照してください。

9. 両側検定と片側検定

　t 検定は差があるかどうか調べるわけですが，男子と女子を比較する場合，差があるというのは「男子＜女子」の可能性もあれば，「男子＞女子」の可能性もあると思います。t 検定は両方の可能性について調べるのでしょうか。

　2つのグループ A と B に差があるかどうか調べるときは，「A＜B」と「A＞B」の2つの可能性があります。t 検定は，通常はこの2つの可能性を1度に検定します。このように2つの可能性を1度に検定することを「両側検定」と呼びます。しかし，場合によって A が必ず B を上回る可能性しか考えられない場合，またはその逆で必ず B が A を上回る可能性しか考えられない場合は，どちらか1つの可能性だけを検定することもできます。このように，どちらか1つの可能性だけを検定することを「片側検定」と呼びます。

　両側検定と片側検定では，t 検定の計算方法は変わりませんが，差がある・ないの判断をするポイントが異なります。t 検定では，有意水準を5％とすると，「差がないと言える確率」が5％以下だったら差があると結論づけますが，両側検定の場合，「A＜B」と「A＞B」の2つの可能性を考慮に入れていますので，5％を2つに割り振ります。つまり，「A＜B」について「差がないと言える確率」が2.5％以下かどうか調べ，そして同時に「A＞B」について同様に2.5％以下かどうか調べます。一方，片側検定では1つの可能性しか考慮に入れませんので，仮に A＜B のみ調べる場合，「A＜B」について「差がないと言える確率」が5％以下かどうか調べます。

　両側検定と片側検定のどちらを使うかは，分析を行う人が選ぶことになります。通常，調査を行う段階ではどちらのグループが勝るかわかりません。たとえば定期テストを行う場合，A組とB組ではどちらが上回るか，テストをやってみないとわかりません。可能性としては「A＞B」もあれば「A＜B」もあります。注意しなければならないのは，この可能性はテストを行ってから点数を見て，どちらが上回るか判断するのではないとい

うことです。採点した結果，A組の平均点の方が上だから片側検定をするというわけではなく，あくまで事前に可能性を考えます。何らかの調査や分析を行う場合，事前にどちらのグループが上回るか通常はわかりませんから，片側検定を用いるべき場面は非常にまれです。したがって，普通は両側検定を使います。

10. z 検定

2つのグループを比較するのに，z 検定という方法があると聞きました。これは何ですか。t 検定とどう違うのですか。

繰り返しなしの t 検定と同じように，2つのグループ間の平均値の差の比較を行う方法のひとつに，z 検定と呼ばれる方法があります。この方法は，全数調査のように母集団の分散がわかっているときに用います。一般に「分散」「標準偏差」と呼ばれるものには，検定などのその後の統計処理のために推定値として求める「不偏分散」「不偏標準偏差」と，推定値ではない「分散」「標準偏差」があります（第3章第2節）。t 検定はこれらのうち「不偏分散」を用いた手法です。

一般的に2つのグループ間の平均値の差を検討する場合には，この「不偏分散」を用いた手法である t 検定を用いるのが一般的です。全数調査を行う場合など，母集団の分散がわかっていることは非常にまれであるため，推定値ではない「分散」を用いる z 検定を実際に使用できる場面はたいへん限られるからです。

本章のまとめ

1. 平均値が違うからといって，それだけでは実力や傾向の違いとは言えない。

2. 2つの平均値を比べたいとき，t検定を使うことができる。
3. 有意差があるとは，2つの集団が実力や傾向が異なる別個の集団を代表していることを意味する。逆に有意差がない場合，比較する集団は2つでも，同じ集団と見なせることを意味する。
4. 有意差があったとしても，それは確率的に「差がないと言える確率」が低いというだけであって，実質的に意味がある差かどうかをしっかり検討しなければならない。
5. 2つの集団から得た2つの平均の差を検定するには，繰り返しなしのt検定を行う。1つの集団から得た2つの平均の差を検定するには，繰り返しありのt検定を行う。
6. t検定を行う前提として，データの正規性と等分散性を満たす必要がある。
7. t検定の結果は，前提が満たされなくても，ある程度は頑健であると言われている。
8. 前提を満たさずt検定が使えない場合，ノンパラメトリック検定であるマン・ホイットニーのU検定などを用いることができる。
9. 2つの平均に差があるということはどちらか一方が高いという2つの可能性があるが，この2つの可能性を1度に検定することを両側検定という。どちらか1つの可能性しか検定しないことを片側検定という。片側検定は一方がもう一方を上回ることが事前にわかっている場合にのみ使う方法であるため，片側検定を行わなければならない場面はまれである。通常は両側検定を用いる。
10. 繰り返しなしのt検定の特殊な場合として，z検定と呼ばれるものがあるが，使用するケースはまれである。

〈引用文献〉

Hatch, E. & Lazaraton, A. (1991). *The research manual: Design and statistics for*

applied linguistics. Boston: Heinle & Heilne Publishers.
StatSoft, Inc. (2002). *Electronic statistics textbook.* Tulsa, OK: StatSoft. Retrieved from http://www.statsoft.com/textbook/stathome.html.
岩原信九郎 (1965)『教育と心理のための推計学 新訂版』日本文化科学社.
南風原朝和 (2002)『心理統計学の基礎―統合的理解のために』有斐閣.

第5章

テストの結果を比べる：3クラス以上の場合
——分散分析——

1．3つ以上の平均の比較

　A組，B組，C組の3クラスで試験の結果を比較したいのですが，それぞれのペアでt検定をすればよいのでしょうか。

　t検定（第4章）のところでも説明しましたが，クラスの平均値だけを見て差のある・なしを論じるのは適切ではありません。3つのクラスの点数を分布図に表してみると，分布が大きく重なっていることもありますから，統計的に見て，差がある確率を知る必要があります。
　では，3つのクラスを比べるときにt検定を行えばよいのかというと，そうではありません。t検定は2つのグループの比較をするときに使いますが，3つ以上のときはそのままでは使えません。
　もし，A組，B組，C組を比べるために，t検定を繰り返して行ったとしましょう。まずはA組とB組，さらにB組とC組，最後にA組とC組でt検定を行ったとします。こうするとすべての組が比較されたことになりますが，t検定を3回繰り返していることになります。
　t検定の論理は，平均に「差がないと言える確率」はどれぐらいか計算して，それが5％以下だったら「5％水準で有意差がある」と言うのが一般的であるということでした。これは表現を変えると，差がないのに差があるという間違った結論を導く確率が5％以下で残ることを意味します。これでは何回も検定を繰り返すと，間違ってしまう確率が高くなります。

つまり，差があるかどうか判断する基準が5％を超えてしまって，本当は差がないにもかかわらず，誤って差があると結論づけてしまう危険性があるのです。

　もう少し詳しく説明するために，検定を繰り返したときに，差があるかどうか判断する基準がどうなるのか計算してみましょう。1回の検定で「差がないと言える確率」が5％以下のときに「5％水準で有意差がある」と判断しますので，判断の分かれ目になるポイントは .05 となります。逆に言えば，「差があると言える確率」は $1.00 - 0.05 = 0.95$ になります。

　もし検定を3回繰り返した場合，0.95 を3乗したものが，3回分の検定での「差があると言える確率」になります。$0.95^3 = 0.857\cdots$となり，およそ 0.86，つまり86％です。これは「差があると言える確率」でしたから，ここから逆に「差がないと言える確率」を計算すると，100％から86％を引いて14％になります。つまり，t検定を3回繰り返して行うと，「差がないと言える確率」が5％ではなく14％以下のときに差があると判断してしまうことになり，これでは5％よりもはるかに大きくなってしまいます。このように，検定を繰り返すと，間違って差があると言ってしまう確率が高くなるのです（検定の多重性の問題）。単純にt検定を繰り返して行うと，間違った結論を導きかねません。3つ以上のグループを比較するには，それに応じた方法を使う必要があります。

2. 分散分析

　では，t検定を使わずに3クラスを比較するためにはどうしたらよいのでしょうか。

　t検定は2つの平均を比べるときの手法でしたが，3つ以上のグループの平均を比べたいときには，「分散分析」を使います。分散分析の論理も，ほぼt検定と同じです。ただし，3つ以上を比べるために，t検定では考慮する必要のなかったことも，分散分析では考慮する必要があります。

　分散分析もt検定と同じように，「差がないと言える確率」を調べ，そ

れが極端に低く，差がないとは言えないようなときに差があると言える，という論理です（第4章第2節）。

この「差がないと言える確率」を調べるために，分散分析では，F値というものを計算します。そしてF値が算出されたら，この値が得られる時の「差がないと言える確率」を調べます。この確率が5％以下のときに「5％水準で有意差がある」という決断を下すわけです。

では，ある試験の結果を，A組，B組，C組で比較してみます。得点は表5-1のようになりました。また，各クラスの平均値と標準偏差を計算すると，表5-2のようになりました。

表5-1　A組・B組・C組の得点の一覧

出席番号	得点 A組	得点 B組	得点 C組	出席番号	得点 A組	得点 B組	得点 C組	出席番号	得点 A組	得点 B組	得点 C組
1	73	51	71	11	70	67	85	21	59	62	61
2	52	74	81	12	86	45	74	22	62	62	62
3	68	74	55	13	60	89	80	23	59	60	53
4	63	72	69	14	55	62	66	24	62	39	72
5	81	74	71	15	53	56	78	25	65	56	64
6	49	71	67	16	51	73	78	26	56	94	69
7	58	71	66	17	48	58	97	27	50	72	96
8	65	49	69	18	49	54	71	28	72	80	76
9	78	59	100	19	80	91	85	29	60	58	55
10	62	54	55	20	96	73	66	30	65	52	70

表5-2　A組・B組・C組の平均値と標準偏差

クラス	平均	標準偏差
A組	63.57	11.83
B組	65.07	13.33
C組	72.07	12.09

平均値を見ると，C組が一番高くて，その次にB組，そしてA組と続いています。この差はたまたまなのか，それとも力の差があると言えるものなのかを検討するために，分散分析を行います。

統計ソフトを使って分散分析を行うと，次の表5-3のような結果が出力されます。この表の中で特に注目するところは，F値とp値です。F値は4.00となりました。人数が30人×3クラスで90人いますが，比較する

グループが 3 つあって，全体の人数が 90 人のときにこの F 値が得られた場合の「差がないと言える確率」（p 値）が.02 となりました。これは.05 以下ですから，A 組，B 組，C 組の間には「5％水準で有意差がある」と言えます。

表 5-3　分散分析表

	平方和	自由度	平均平方	F 値	p 値
グループ間	1235.00	2	617.50	4.00	.02
グループ内	13445.10	87	154.54		
合計	14680.10	89			

3．差がどこにあるか見つける：多重比較

　A 組，B 組，C 組の分散分析の結果，p 値が.05 以下で有意だったら，どのクラスどうしを比べても差があるということなのでしょうか。

　2 つを比べる t 検定のときには，有意差が出れば 2 つの平均の差と言えたわけですが，分散分析のときはそうはいきません。3 つ以上を比べる，例えば，A 組，B 組，C 組という 3 グループを比べた場合，たとえ有意差があるという結果でも，差があるのは A 組と B 組の間か，B 組と C 組の間か，A 組と C 組の間か，いろいろ可能性が考えられます。

　残念ながら分散分析は「差があるかどうか」しか教えてくれなくて，差がどこにあるかについては教えてくれません。したがって，ABC の 3 クラスの比較では，有意差は見られたものの，これが A 組と B 組の間に差があるのか，B 組と C 組の間に差があるのか，C 組と A 組の間に差があるのか，実はわかりません。そこで，分散分析を行って有意差が出た後で，「多重比較」を行います。この手続きによって，どの群との間に差があるのかを検討することができます。

　第 1 節で述べたように，単にペアごとに t 検定を繰り返すのは適切ではありません。それは，間違って差があると結論づけてしまう確率が高くなるからでした。多重比較は，そのような間違いが起きないようにしてグループを比較してくれます。

多重比較にはさまざまな手法が提案されていますが，その中で「テューキーの方法（テューキーのHSD検定）」を使うのが一般的です。なぜなら，A，B，Cという3クラスの比較を行うときにはA―B，B―C，A―Cの3つの組み合わせについて比較する必要があります。テューキーの方法は，このペアごとの検定を行う手法だからです。

多重比較の方法なら何でもよいのかというと，そうではありません。「多重比較にはさまざまな手法がある」と書きましたが，比較の仕方がいろいろ考えられるため，手法によってカバーする比較の対象が違います。たとえば，A組とB組をひとまとめにして平均を出して，その平均とC組を比べる，ということも場合によっては必要になるかもしれません。このような特別な比較を行いたいときは，それを行ってくれる方法を選択しなければなりません。このように，多重比較は比べ方によって選ぶべき手法が変わってくるのですが，一般に必要とされる比較は，上のABCの3クラスの例のように，1ペアずつ比べる方法ですので，このような比較を行いたいときにはテューキーの方法を使いましょう。

計算方法などの説明はここでは行いませんが，統計ソフトを使用する場合，多重比較の方法を選択できますから，そこでテューキーの方法を選びましょう。

では，上のABCの3クラスの比較を例に，テューキーの方法を行ってみると，表5-4のような結果になりました。これを見ると，A組とB組の比較ではp値が.89で，.05より大きいですから，5％水準で有意差があるとは言えません。B組とC組の比較でも，p値が.08で，.05よりも大きいので，5％水準で有意差があるとは言えません。しかしA組とC組の比較ではp値が.03ですから，これは5％水準で有意差があると言えます。

表5-4 テューキーの方法による多重比較の結果

比較の対	p値
A組―B組	.89
B組―C組	.08
A組―C組	.03

なお,「差がある・ない」という言葉の意味は,第4章の t 検定の箇所でも説明していますが,まったく同じことが分散分析でも当てはまります。つまり,分散分析とその後の多重比較が調べているのは,比べているグループが何を「代表」しているのかということなのです。比較しているグループは,異なる集団を代表したものなのか,あるいは同じ集団を代表しているのか,ということを調べているわけです。また,有意差というのはあくまで確率的に意味があるというだけで,差が持つ実質的な重要性とは別の問題であることも,t 検定と同様に確認する必要があります。

4. シェッフェの方法

> 他の統計の本では,多重比較にシェッフェの方法を勧めているものもありますが,テューキーの方法とどちらがよいのでしょうか。

　結論から言うと,一般的にはテューキーの方法をお勧めします。その理由は,シェッフェの方法は複雑な比較まで含めて行うので,一般に必要とされる A—B,B—C,A—C という1対ずつの比較をするという目的からずれてしまうからです。

　上でも述べましたが,もし A 組,B 組,C 組の中でどこに差があるのか知りたい場合,A—B,B—C,A—C という組み合わせで比較を行うことになります。このような一つひとつの組み合わせを検定してくれるのがテューキーの方法です。つまり,1対ごとの比較を行いたいときは,その目的と合致するテューキーの方法を選ぶわけです。

　一方,シェッフェの方法は,一対ずつの比較に加えて,A 組と B 組をひとまとめにして平均を出して,その平均と C 組を比べるということも行う方法なのです。このような複雑な比較は,普通は必要ないわけですから,あえてシェッフェの方法を選ぶ必要はありません。また,1回の検定の中で比較を行う回数が増えてしまうため,テューキーの方法よりも有意差を見つけにくいという欠点もあります。

　もちろん,複雑な比較を必要とする場合はシェッフェの方法を選ぶべき

です。しかし一般に必要とされる比較は，ペア1個1個の比較なので，テューキーの方法が最も適切と言えます。

　シェッフェの方法が勧められている理由は，永田・吉田（1997）の言葉を借りれば，一種の誤解によるということです。以前，テューキーの方法は各グループの人数が等しくないと検定力（有意差を見つける力）が下がってしまうので，そのようなときはテューキーの方法は使わない方がよいと考えられていて，代わりにシェッフェの方法が勧められていたようです。しかし，その後これは正しくないと証明されて，現在では，人数が等しくなくてもテューキーの方法は有効だとされています。

5．ボンフェローニの方法

　専門の統計ソフトを持っておらず，一般的な表計算ソフトしかありません。表計算ソフトではt検定はできるのですが，多重比較ができません。このような場合でも多重比較できる方法は何かありませんか。

　「ボンフェローニの方法（または，修正，調整）」という手法があり，これを行って全体の有意水準を一定にしてからt検定を繰り返すことができます。この方法は単純で，全体の有意水準を.05にしたいわけですから，その.05を検定を繰り返す回数で割り，それを1回の検定での「差がないと言える確率の水準（有意水準）」にするというものです。A組，B組，C組の3つのグループを多重比較する場合，t検定を3回繰り返すことになります。このとき，全体の有意水準を.05に抑えるために，.05を検定の回数の3で割ります。$0.05 \div 3 = 0.0166\cdots$となりますから，1回の検定を行ったときに$p$値がこの値以下なら有意差があると判断します。通常$t$検定を行う場合は，$p$値が.05以下のときに差があるとしますが，この方法の多重比較でt検定を3回繰り返す場合，p値が.05以下（たとえば.03）であっても，$0.05/3$（$=0.0166\cdots$）よりも大きければ，差があるとは言えません。

　もしも手計算でt検定を行う場合，細かいp値はわかりませんので，ボ

ンフェローニの方法用に用意されている t 値の表を参照する必要があります。普通の t 値の表には，p 値が.10，.05，.01 のときの t 値が並んでいますが，ボンフェローニの方法用に作られた表では，p 値を検定の回数で割ったときの t 値が載っています。この表については，永田・吉田（1997）を参照してください。

　ボンフェローニの方法は，簡便であるため適用範囲が広いのですが，問題もあります。それは，比較するグループの数が多いと検定を繰り返す回数も増えるため，ペアの数で割って調整した有意水準が極端に低くなりすぎて，有意差が出にくいということです。他の多重比較の方法（たとえばテューキーの方法）ならば有意差があると言えるところを，ボンフェローニの方法では有意ではないという結果になることもあります。この問題を克服するため，ライアンの方法（桐木，1990）や，ステップダウン・ボンフェローニの方法（米村，2003）という手法もありますが，有意水準調整の手順が少し複雑になるので本書では詳しく説明しません。

　なお，ボンフェローニの方法，ライアンの方法，ステップダウン・ボンフェローニの方法は，ノンパラメトリック検定である χ 二乗検定（第11章）の繰り返しやマン・ホイットニーの U 検定（第6章）などの繰り返しにも使えます。

6．分散分析の前提

　　3つ以上の平均を比べるときは，いつも分散分析を行えばよいのですか。

　分散分析は，パラメトリック検定の一部ですので，分布に関して前提があります。それは t 検定と同じく，次の2つの前提です。
　①母集団が正規分布していること（正規性）。
　②各群の母集団の分散が等しいこと（等分散性）。
これらの前提についての説明，ならびに前提が満たされているかどうか調べる方法は，t 検定と同じ説明が当てはまります。また，順序尺度の変数

についても t 検定と同様に用いることがあります（第4章第6節）。

　なお，分散分析はこれらの前提が満たされていない場合でも頑健である（結果が歪みにくい）と言われています。したがって，前提について特別に神経質になる必要はありません。しかし，前提が満たされていた方が分散分析の結果により信頼がおけますので，分散分析を行う際は，これらの前提について確認することを勧めます。統計ソフトによっては，分散分析とあわせて分散が等しいかどうかの検定を行ってくれるものもあります。この結果についても考慮するとよいでしょう。

　また，パラメトリック検定は原則として間隔尺度・比率尺度（第2章）の変数に対して用います。しかし，一般には順序尺度（第2章）も間隔尺度と見なして分散分析に用いる場合も多くあります。

　これらのことを考慮した結果，前提が満たされなくて分散分析を使わない方がよいと判断した場合，ノンパラメトリック検定を使いましょう。繰り返しのない分散分析の代わりには，クラスカル・ウォリスの順位和検定を使うことができます。繰り返しのある分散分析の代わりには，フリードマン検定を使うことができます（第6章）。

7．繰り返しあり・なし

　　生徒が英語の学習に積極的に取り組んでいるかどうか調べるために，7段階でアンケートをとりました（7：とても積極的に取り組んだ～1：まったく積極的に取り組まなかった）。これを1学期，2学期，3学期それぞれの学期の終わりに行いました。3回分のデータを比較して，取り組む姿勢が変化したのかどうか調べたいのですが，このときも分散分析を行えばよいのでしょうか。

　このような形のデータでも，分散分析を行って，平均値に違いがあるかどうか調べることができます。この調査では同じ人が3回調査を受けているので，比べるグループはみな同じ人になっています。このようなときには，同じ人を比べるための分散分析の計算式を使います。

これは，第4章第5節でも説明してありますが，比較するグループに属する人が違う人なのか，または同じ人なのか，によって用いる計算が違うためです。違う人を比べるときは「繰り返しなし」の分散分析の式を用い，同じ人を比べる場合は「繰り返しあり」の分散分析の式を用います。

なお，分散分析には特別な用語があり，グループ分けの変数（クラス，調査時期など）を「要因」と呼びますので，繰り返しなしの場合に被験者間要因という用語が，また，繰り返しありの場合に被験者内要因という用語が使われることもあります。たとえば，ABCの3クラスを比較した場合，クラスがグループ分けの変数にあたりますが，クラスごとに別々の人が割り当てられていますので，これは繰り返しなしの分散分析にあたります。このとき，グループ分けをしているクラスのことを，被験者間要因と呼びます。また，上の質問のように，同じ人が3回調査を受けて，その3回分のデータを比較する場合，調査時期によってグループ分けがなされています。このとき，比べられる人はみな同じ人ですから繰り返しありの分散分析を用いることになりますが，グループ分けをしている調査時期のことを，被験者内要因と呼びます。

本章のまとめ

1. 3つ以上の平均を比較したい場合に，単にペアごとに t 検定を繰り返すだけでは，差がないのに差があると間違ってしまう確率が高くなるので，避けなければならない。
2. 3つ以上の平均を比べたいときは分散分析を使う。全体として，どこかのペアに差があるかどうかということがわかる。
3. どの平均とどの平均の間に差があるかを調べるには多重比較を行う。普通必要とされる比較はペアごとの比較なので，テューキーの方法が適している。

4. シェッフェの方法を勧める主張もあるが，ペアごとの比較を行うのが目的であれば，テューキーの方法がよい。
5. 多重比較に t 検定を繰り返す場合，検定を繰り返す回数で有意水準（.05）を割って，1回ごとの検定の有意水準を調整する方法もある。これをボンフェローニの方法と呼ぶ。
6. t 検定と同様に，分散分析を行う前提として，母集団が正規分布をなすことと，分散が等しいことが満たされなければならない。ただし，これらの前提が満たされなくても，分散分析の結果は頑健であると言われている。
7. 複数の標本集団における複数の平均を比べるときに「繰り返しなし」の分散分析，1つの標本集団における複数の平均を比べるときは「繰り返しあり」の分散分析を行う。

〈引用文献〉

桐木建始（1990）「多重比較」森敏昭・吉田寿夫 編著『心理学のためのデータ解析テクニカルブック』北大路書房，pp.157-175.

永田靖・吉田道弘（1997）『統計的多重比較法の基礎』サイエンティスト社.

米村大介（2003）「ボンフェローニの調整」豊田秀樹 編著『共分散構造分析［疑問編］』朝倉書店，pp.152-154.

第6章

少人数学級での差の検討
―― ノンパラメトリック検定 ――

1. 少人数のグループ間での差を検討する

　現在，小規模の中学校で英語を教えています。担当する学年には1クラスしかなく，生徒は男子7名，女子8名しかいません。先日，テストを行い，男女の結果に差があるかどうかを t 検定により検討しました。その話をある研究会でしたところ，助言者の先生に「そのやり方ではダメだよ」と指摘されてしまいました。これは，どういうことでしょうか。

　一般に，2つあるいは3つ以上のグループの間に，平均の差が存在するかどうかを検討する統計的手法には，t 検定（第4章）や分散分析（第5章）があります。
　このような分析はパラメトリック検定と呼ばれており，その特徴は，データが正規分布ないし特定の分布に従うことにあると考えられています。しかし，標本のサイズが小さい場合，そこから得られるデータの分布は不安定になることが多く，正規分布を仮定できないことも少なくありません。
　では，このような場合には，どう対処したらよいのでしょうか。このようなときに有効な分析手法がノンパラメトリック検定です。ノンパラメトリック検定では，データの分布についての仮定を設けないため，正規分布を前提としない場合やできない場合，あるいは今回の事例のように少人数

での検定の場合などに適用できる手法であると言えます。

　ただし，いくらノンパラメトリック検定が分布によらない検定だとしても，その誤用や乱用には注意しなければなりません。たとえば，パラメトリック検定が適用できる場合にノンパラメトリック検定を利用するというのは，有意差を見つける力（検定力）を低下させたり，データが持つ情報を無駄にしてしまったりするという問題が生じます（山内，1998）。したがって，扱うデータや研究の目的に応じて，両者を適切に選択し利用することが必要になります。

2. マン・ホイットニーの U 検定：2つの独立した標本の場合

　ノンパラメトリック検定の基本的な考え方とその有用性については理解できました。では，実際にテストで得られたデータを分析するにはどうしたらよいのか，教えてください。

　通常，正規分布を仮定できるような2つの標本を比べる際には，それらの標本における平均値の差を検定します。しかし，平均値はすべてのデータからの影響を受けてしまいます。一方，中央値や順位はデータからの影響，つまり，分布の影響を受けません。したがって，標本の少なさなどから特定の分布を前提とできない今回のようなケースでは，2つの標本における中央値の差や順位の和などを用いた検定を行う方が望ましいと言えます。

表 6-1　テストの結果

男子		女子	
出席番号	得点	出席番号	得点
1	33	8	82
2	57	9	58
3	73	10	66
4	61	11	87
5	65	12	95
6	56	13	77
7	87	14	100
		15	75

そこで，男女別にテスト（100点満点）の結果をまとめたデータ（表6-1）に対して順位を用いた検定を使って，男女間に差があるかどうかを検討してみることにしましょう。

一般に2組の独立した（対応のない）標本の差を検定する場合には，マン・ホイットニーのU検定と呼ばれるノンパラメトリック検定を使います。この検定は，用いられる検定量の記号からU検定とも呼ばれています。マン・ホイットニーのU検定では，2組のデータにおける平均の差の大きさは問題とせず，データを大きさ順に並べ替えたときの順位に注目します。2組のデータの順位和を検討し，両者に差があるかどうかを検定します。

それではまず，ここで先のテストで得られた得点を，すべて順位づけしてみることにします。表6-2に見られるように，順位づけにあたっては，2組のデータをすべて統合し，1位から順位をつけます。（順位は大きい順でも，表6-2のように小さい順でも構いません）。ただし，同一の得点がある場合には，それらの平均値を採用することになります。たとえば，男子と女子に87点を取った生徒が1名ずついます。彼らは本来であれば，同じく12位となり，次の95点を取った女子が14位となるのが普通です。しかし，ここでは計算を行う都合で，2名の平均を取り12.5位をそれぞれに割り当てることになります。

表6-2 テストの得点を順位づけしたもの

男子			女子		
出席番号	得点	順位	出席番号	得点	順位
1	33	1	8	82	11
2	57	3	9	58	4
3	73	8	10	66	7
4	61	5	11	87	12.5
5	65	6	12	95	14
6	56	2	13	77	10
7	87	12.5	14	100	15
			15	75	9
順位の合計		37.5	順位の合計		82.5

その後，男女の順位をそれぞれ合計し，次の式（6.1）と式（6.2）により，U の値を求めることになります。

$$U = n_1 n_2 + \frac{n_1(n_1+1)}{2} - R_1 \tag{6.1}$$

$$U = n_1 n_2 + \frac{n_2(n_2+1)}{2} - R_2 \tag{6.2}$$

ここで，

$n_1 = n_1$ の標本の大きさ（ここでは，男子の生徒数）
$n_2 = n_2$ の標本の大きさ（ここでは，女子の生徒数）
$R_1 =$ 標本の大きさが n_1 のグループに割り当てられた順位の合計
$R_2 =$ 標本の大きさが n_2 のグループに割り当てられた順位の合計

を表します。そして，求められた 2 つの U のうち，どちらか小さい方を U の値として採用します。今回の場合，式（6.1）と式（6.2）に基づく U の値は，

$$U = 7 \times 8 + \frac{7(7+1)}{2} - 37.5 = 56 + \frac{56}{2} - 37.5 = 46.5$$

$$U = 7 \times 8 + \frac{8(8+1)}{2} - 82.5 = 56 + \frac{72}{2} - 82.5 = 9.5$$

という結果になりますので，最終的に用いる U は 9.5 を採用します。

その後，マン・ホイットニーの U 分布表（たとえば，山内，1998）を参考に，U の臨界値（有意であるかどうかを判断する際の基準となる値）と実際に得られた U の値を比べます。たとえば，両側検定（5％水準）で 2 つのグループを検定したとすると，U の臨界値は 10（この値は，U 分布表を調べることで得られます）となり，得られた U がこれよりも小さい値だと 5 ％水準で有意差があると判断します。実際に算出された U の値は 9.5 で U の臨界値よりも小さいため，2 つのグループ間の差は 5 ％水準で有意であると判断します。

3. クラスカル・ウォリスの順位和検定：3つ以上の独立した標本の場合

> 2つのグループを比較する方法についてはわかりましたが，3つ以上のグループを比較する際にも，同様の方法が適用できるのでしょうか。

マン・ホイットニーの U 検定は，あくまでも2つの独立したグループの差を検定するものです。3つ以上の独立した標本について検定する場合には，クラスカル・ウォリスの順位和検定と呼ばれるノンパラメトリック検定を適用する必要があります。これは，用いられる検定量の記号から H 検定と呼ばれることもあります。

この検定に関する基本的な考え方やその計算手順は，先に挙げたマン・ホイットニーの U 検定とほぼ同じです。つまり，3群，あるいはそれ以上の対象となるすべてのグループを統合し，小さい方，あるいは大きい方から順に順位づけを行います。その後，各グループの順位を合計したのち，式 (6.3) により H を算出します。

$$H = \frac{12}{N(N+1)} \sum \frac{(R_j)^2}{(n_j)} - 3(N+1) \tag{6.3}$$

ここで，

 N ＝全標本数
 n_j ＝特定のグループ n_j の標本の大きさ
 R_j ＝特定のグループ n_j の順位の合計

を表します。ただし，マン・ホイットニーの U 検定と異なる点として，以下の2点に注意する必要があります。

ひとつは，マン・ホイットニーの U 検定では U の臨界値に基づく U 分布表を用いて有意差の検定を行いましたが，クラスカル・ウォリスの検定では χ 二乗分布表（たとえば，山内，1998）に基づいて検定を行います。

もうひとつは，同一の得点がある場合の対処法が，マン・ホイットニーの U 検定の場合とは若干異なることです。この点に関しては，多少複雑な計算も必要となります（山内，1998）。

4．差がどこにあるか見つける：多重比較

　3つ以上のグループを比較する際には，状況に応じて「多重比較」を行わなくてはならないと聞きました。これはいつ，どのような目的で利用するものでしょうか。

　前節では3つ以上のグループを比較する方法として，クラスカル・ウォリスの順位和検定について説明しました。ただし，この方法でわかることは，あくまでも対象となる群の間のどこかに有意な差があるかないかということだけです。つまり，3群以上の検定の場合には，どの群とどの群の間に差があるのかということは，上の検定結果からだけでは明らかにはなりません。したがって，検定の結果，有意な差がどこかに得られた場合，それがどこに得られたものかを明らかにする必要が生じます。このようなときに用いられる手法が，第5章第3節でも説明した多重比較と呼ばれるものです。

　ノンパラメトリック検定用の多重比較法として，永田・吉田（1997）では，スティール・ドゥワスの検定（テューキーの方法のように，各組ごとの対比較を行う）などが紹介されています。

　ただし，ノンパラメトリック検定の多重比較を自動的に行うことができる統計ソフトは限られるため，3群以上の比較を行い有意差が得られた場合には，マン・ホイットニーの検定を一対ごとに繰り返した上でボンフェローニの方法など（第5章第5節）を用いて1回ごとの検定の有意水準を調整することが現実的だと考えられます。

5．2つ，あるいは3つ以上の関連した標本を検定する

　この生徒たち15名に，「英語は自分にとって，非常に重要だと思います」という質問に，「1．あまりそう思わない」から「5．強くそう思う」までの5件法で答えてもらいました。その後，英語の重要性に関するビデオ教材を見せ，同じアンケートを行いました。ビデオを見る

前と後では，英語学習に対する考え方が変わったかどうかを調べたいのですが，マン・ホイットニーの U 検定を用いればよいのでしょうか。

　上のような場合，特定の調査対象者に対して，2 度の測定が行われていることになり，1 度目と 2 度目のデータは対応していることになります（第 4 章第 5 節，第 5 章第 7 節）。このようなときには，前節までで説明してきた方法とは違う方法で検定を行う必要があります。具体的には，2 組の関連した標本の差を検定する場合にはウィルコクスンの符号付順位和検定を，3 組以上の関連した標本の差を検定する場合にはフリードマン検定と呼ばれるノンパラメトリック検定を利用します。

　これらの関連した標本の検定では，対応するデータ間の差をとり，その差を順位づけすることによって有意差を検定します。なお，検定にあたっての基本的な考え方は，データが独立している場合とほぼ同じです。

6. 中央値検定と符号検定

ノンパラメトリック検定には，複数のグループから得たデータを比べるときに，中央値検定があるようです。また，1 つのグループから得た 2 つのデータを比べるときに，符号検定という手法があるようです。前節までの手法とどのように使い分けるのでしょうか。

　中央値検定（メディアン検定）は，2 つ以上のグループの中心的傾向に関して差があるかどうかを検定する方法です（Siegel, 1956　藤本 監訳, 1986）。ただし，中央値検定ではデータの限られた一部しか利用せずに検定を行います。

　たとえば表 6-2 のデータに対して中央値検定を行うとすると，男女を込みにした場合の中央値（男子 3 番の生徒の 73 点）を基準にして，男女それぞれにおいて「中央値以上の人数」と「中央値未満の人数」を数えます（「中央値を超える人数」と「中央値以下の人数」を数える場合もありま

す)。そして，男女の間で，それら2種類の人数の比率に差があるかどうかを検討するのです。このように単に2分割して考えてしまうと，せっかくデータが持っていた順位情報が失われてしまいます。そのため，個々人の順位を考慮した上で検定を行うマン・ホイットニーの U 検定やクラスカル・ウォリスの順位和検定の方が適切です。

符号検定（サイン検定）は，1つのグループから得られた繰り返し測定の結果を比較するときに用います。対応のあるデータの中央値の差を検定しているとも言える方法です（岩原，1964）。ただし，中央値検定と同様，一部の情報しか利用せずに検定を行います。

符号検定では，繰り返して測定した結果が「プラスになった標本数」と「マイナスになった標本数」という単純な2分割でデータをとらえます。たとえば，本章第5節のアンケート結果で，ビデオ鑑賞の前後で2から5へと3段階上がっても，3から4へと1段階上がっても，同じく「プラスになった人が1人」と考えるだけで，どのくらい上がったのか考慮しません。一方で，ウィルコクスンの符号付順位和検定では，事前と事後の差について順位づけして検定しますので，2から5へ上がった人の方が3から4へ上がった人よりも上がり幅が大きいという情報も活用されます。また，繰り返し測定において，1回目の得点と2回目の得点の分散が著しく異なる場合に符号検定を行った場合，検定の結果は1回目＞2回目であっても，平均については逆に1回目＜2回目となることがあります（岩原，1964）。したがって，データが持つ情報量を最大限に生かすという観点から，符号検定よりも，ウィルコクスンの符号付順位和検定を用いる方が適切です。

7. ノンパラメトリック検定の有用性

> パラメトリック検定とノンパラメトリック検定はどのように使い分ければよいのでしょうか。また，本章で紹介されたノンパラメトリック検定にはあまり見かけないものもありますが，どのように使い分ければよいのでしょうか。

一般に，t検定や分散分析などのパラメトリック検定に比べて，ノンパラメトリック検定は馴染みが薄く，パラメトリック検定を適用できる前提がそろった場面でノンパラメトリック検定を使うと，検定力（差があることを見つけ出す力）が不当に低くなるという問題があることも先に触れました。しかし，本章で述べてきたように，ノンパラメトリック検定もその基本的な考え方や利用の仕方はそれほど難しいものではありませんし，パラメトリック検定を使用できない場面ではとても有力なツールです。

　最後に表6-3に，第1部で扱った分析手法について簡単にまとめました。これまで述べてきたように，データの分布や比較するグループの個数によって，用いられる代表値（平均値や中央値）や検定手法が異なることを理解した上で，分析を進める必要があります。

表6-3　2群あるいは3群以上の標本の差を検定する方法

分布	群の数	用いる代表値	データの対応	検定方法
正規分布	2群	平均値	あり・なし	t検定（第4章）
	3群以上			分散分析（第5章）
正規分布ではない	2群	中央値・順位など	なし	マン・ホイットニーのU検定（本章第2節）
			あり	ウィルコクソンの符号付順位和検定（本章第5節）
	3群以上		なし	クラスカル・ウォリスの順位和検定（本章第3節）
			あり	フリードマン検定（本章第5節）

本章のまとめ

1. 標本数が少なく，データの分布が仮定できない場合には，ノンパラメトリック検定を行う。
2. 2つの対応のない標本の差を検定する場合には，マン・ホイットニーのU検定を利用する。
3. 3つ以上の対応のない標本の差を検定する場合には，クラスカル・ウォリスの順位和検定を利用する。
4. 3つ以上の標本の差を検定し有意差が認められた場合には，多重

比較を行い，どの標本間に差があるのかを明らかにする必要がある。ノンパラメトリック検定の場合にも，ボンフェローニの方法などを用いることができる。
5. 1つの集団に対して複数回の測定を行う場合，データは対応したものとなるため，対応のない場合とは異なる検定方法を利用する必要がある。2集団の場合にはウィルコクスンの符号付順位和検定，3集団以上の場合にはフリードマン検定を用いる。
6. ノンパラメトリック検定には中央値検定や符号検定という手法もあるが，データの持つ情報量を少なくするものであり，代替となる手法があるため，用いない方が望ましい。
7. データの分布や比較する群の数などにより，用いる検定手法が異なることを理解した上で，分析を進める必要がある。

〈引用文献〉

岩原信九郎（1964）『ノンパラメトリック法：新しい教育・心理統計　新版』日本文化科学社.

ジーゲル S. 藤本熈（監訳）（1983）『ノンパラメトリック統計学―行動科学のために』マグロウヒル．(Siegel, S. (1956). *Nonparametric statistics: For the behavioral sciences.* New York: McGraw-Hill.)

山内光哉（1998）『心理・教育のための統計法　第2版』サイエンス社.

吉田寿夫（1998）『本当にわかりやすいすごく大切なことが書いてあるごく初歩の統計の本』北大路書房.

第 **2** 部

評価・評定編

　評定作業を行う際には，1学期間，1年間で集めた膨大な資料を整理することになります。すると，さまざまな評価資料の間にはどのような関係があるのかを，調べる必要が生じることもあります。また，評定の対象となる生徒全員についてすべての評価資料が用意されているということもまれです。見込み点などを予測するなどして，評価資料の一部が欠けている生徒が著しく不利になるようなことは避けなければなりません。さらに，ペーパーテストとは形式を異にする英会話テストなどの実技テストの結果を評定資料にする際には，その信頼性が問題となったりします。著しく信頼性の低い評価結果を用いて評定を行うことは避けなければならないからです。
　そこで，第2部では「評価・評定編」として，評定にまつわる問題を解決するための手法を紹介します。

第7章

テスト得点間の関係の検討
――相関分析――

1. 2つの変数の関連を表現する

　定期テストに，リスニング・セクションとリーディング・セクションを設けました。それぞれの得点を見比べてみると，どちらも得意な生徒・どちらも不得意な生徒というだけでなく，どちらかだけ得意な生徒もいます。2つの得点の関連をうまく分析できないでしょうか。

　たとえば，リスニング得点を横軸に，リーディング得点を縦軸に，40人のテスト得点のそれぞれを図示してみます。

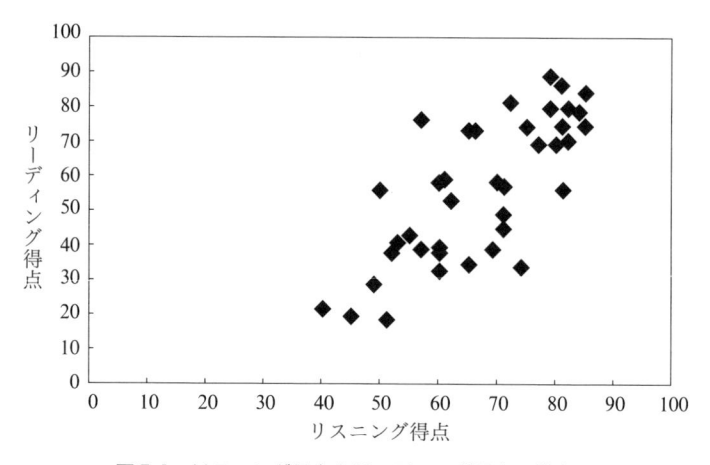

図7-1　リスニング得点とリーディング得点の散布図

図7-1のように，2つの変数のそれぞれを軸とし，散らばり具合を示す図を，散布図と呼びます。この場合，明らかに2つの変数には関係がありそうです。

ある変数とある変数の間に，一方の値が変わればもう一方も同様に一定量変化するという関係がある場合，その2つの変数は「相関」していると言います。2つの変数の間に直線的な関係があると仮定し，その関係の強さを数値化するのが「相関係数」です。相関係数には数種類ありますが，本書では特にことわらない限り，ピアソンの積率相関係数を指します。

2. 相関係数の解釈

> 相関係数を算出してみたのですが，この値にはどのような意味があるのですか。そして，どのくらいの値だと相関が強いとか弱いとか，何か基準があるのですか。また，相関が有意だとか有意でないとか言いますが，有意な相関でないと意味がないのですか。

相関係数は，−1から+1の値をとります。変数Xと変数Yの相関係数がプラス1の場合には，変数Xが+1単位変動すると変数Yも+1単位変動し，変数Xが−1単位変動すると変数Yも−1単位変動します。相関係数がプラスの値の場合を，「正の相関」と呼びます。相関係数がマイナス1の場合には，変数Xが+1単位変動すると変数Yは−1単位変動し，変数Xが−1単位変動すると変数Yは+1単位変動します。このように相関係数がマイナスの値である場合を，「負の相関」と呼びます。相関係数が0（ゼロ）のときには，変数Xが変動しても変数Yが関連して変動しないということですし，逆も同じです。このことを特に，「無相関」と呼びます。

では，どのくらいの値だったら相関が強い(弱い)と言えるのか，相関係数の値が高い(低い)ということには基準があるのかというと，これには絶対的な基準はありません。相関係数を解釈する際には，それを算出するもととなった2つの変数それぞれの性質などを加味して考慮しなくてはなら

ないため，絶対的にどのくらいの値だったら高い（低い）という解釈はできないのです。

たとえば，同じ.68という相関係数があったとします。これが，同じ能力を測るテストだとされている2つのテスト得点の相関係数だとしたら，同じ能力を測ると言えるほど相関は高くないのではないか，と解釈できるでしょう。一方，信用できるリーディングテストの得点と，リーディング能力を推定するために自作した語彙テスト得点の相関係数だとしたら，なかなか高い相関が得られたのでもう少し語彙テストを改善してみようか，と解釈できるかもしれません。

このように，相関係数の解釈については，それぞれの文脈において，どのくらいの値だったらどういった意味を持つのかを，しっかり考える必要があります。研究論文であれば，先行研究をよく調べて，どの程度の値であればどのような意味を持つのかを，考慮しなければなりません。

また，相関係数の検定，とか，無相関検定，と呼ばれる検定があります。この検定は，得られた相関係数について，「ゼロである（無相関である）と言える確率（有意確率，p値）」を計算し，その確率が一定の水準（有意水準）よりも低ければ，相関が有意であるとして「得られた相関係数はゼロではない（2変数は無相関ではない）」と結論づけるものです。したがって，いくらこの検定をしたとしても，相関係数が「ゼロであると言える確率」を検討するだけで，その相関係数から示される相関関係の強さにどのような意味があるのかということを解釈する際には，ほとんど意味がないとも言えます。つまり「統計的に有意な相関は，必ずしも強い相関を意味しない（市川，1999）」という点を，念頭に置く必要があります。

また，標本数が多くなるほど検定力は高まります（第4章第4節）。このことは，相関係数の検定にも当てはまります。たとえば1クラス分，40人分のデータについて，相関係数の検定を行う場合には，プラス.32以上かマイナス.32以下の相関係数でなければ，有意になりません。これが，1学年に5クラスあったとして，200人分のデータから得た相関係数だとすると，プラス.14以上かマイナス.14以下の相関係数で有意となります。相

関係数の値は同じでも，標本数によって検定の結果は大きく違ってくるわけです。相関係数の検定がまったくの無意味であるというわけではありませんが，相関係数の意味を解釈するという目的においては，相関係数の検定とその結果にあまりこだわる必要はないでしょう。

3. カテゴリーの数が少ない変数を用いて関連を表現する

勉強の姿勢を問うためのアンケートをとって，「Q1．1日の家庭学習時間はどのくらいですか」という質問に「1．なし」から「5．1時間以上」で答えてもらいました。他に「Q2．英語の勉強が好きですか」という質問などに，「1．まったく当てはまらない」から「5．とてもよく当てはまる」の5段階で回答を集めました。テスト得点の場合の散布図のように，よい表現方法はありますか。

アンケート調査などで5件法や3件法を用いて集めた変数と，同様の変数やテスト得点などとの関係を図示したい場合，たとえば，Q1を横軸に，Q2を縦軸に，40人の回答を図示すると，図7-2のようになります。

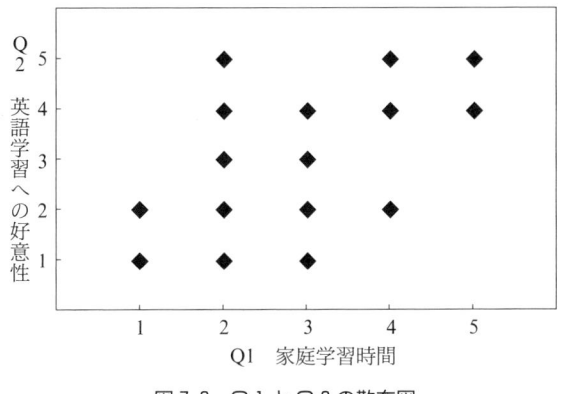

図7-2　Q1とQ2の散布図

同じ値を示す回答者は，何人いても1つの点になってしまいますから，よくわかりません。このことは，先の図7-1でも起こりうるのですが，テスト得点が小刻みであったために気にならなかったとも言えます。

このような場合には，たとえば次の表7-1のようにクロス集計表を作成することによって，具体的に人数を示すことができます。

表7-1　Q1とQ2のクロス集計表

		Q1 家庭学習時間				
		1. なし	2. 15分以内	3. 30分以内	4. 1時間以内	5. 1時間以上
Q2 英語学習への好意性	1. まったく当てはまらない	3	2	1	0	0
	2. やや当てはまらない	2	4	3	1	0
	3. どちらでもない	0	3	6	0	0
	4. やや当てはまる	0	1	4	4	1
	5. とてもよく当てはまる	0	1	0	2	2

クロス集計表では正確に人数がわかるのですが，その一方でグラフのように視覚に訴える力は弱くなってしまいます。図で直感的にわかりやすくしたい場合には，バブル・チャートを用いることができます。バブル・チャートは散布図と似た概念で，同じ座標におさまる点の数が増えるごとに，そのバブルが広くなっていくというものです。上でクロス集計したものを，バブル・チャートで表現すると，図7-3の通りになります。

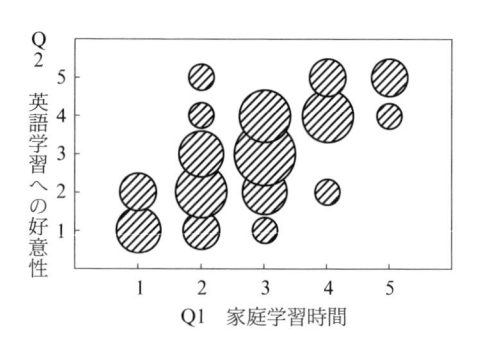

図7-3　Q1とQ2のバブル・チャート

4．意味のない相関に注意する

アンケートの回答やテストの得点や，いろいろな変数の間の相関係数を算出していると，どの変数とどの変数の間にも，強弱の程度の差はあれ，相関があることがわかりました。そのまま，いろいろな変数の間に相関関係があると考えてよいのでしょうか。

相関係数を解釈するときは，それぞれの文脈や理論的な背景を考慮しなければならないことを，先にも触れました。似たような問題とも言えますが，相関係数は2変数の間に直線的な関係があると仮定してその関係の強さを表すものですから，実質的に意味のある関係ではなかったとしても，何らかの相関係数は算出されることには留意すべきです。

たとえば，本書の監修者や編著者の生まれた月と，生まれた日を，それぞれ変数として考えます（表7-2）。そして，それら2つの変数の相関係数を算出します。明らかに，誕生した月と日には，関連などあるはずもありません。

表7-2　誕生日リスト

名前	誕生月	誕生日
三浦　省五	9	9
前田　啓朗	9	3
山森　光陽	2	6
磯田　貴道	9	8
廣森　友人	6	21

しかし，相関係数は−.13となります。関係ないとわかっていても，ゼロでなく，少しでも係数は算出されるのです。相関係数という数字だけで，その2つの変数の間に意味のある関係があると判断するのは危険と言えます。先行研究などを踏まえ，意味のある相関であるかどうかという理論的な背景を調査し，考察することを忘れてはいけません。

5. 相関と因果の区別に注意する

アンケートの「Q2. 英語の勉強が好きですか」という質問に対する「1. まったく当てはまらない」から「5. とてもよく当てはまる」の5段階評定での回答と，リーディングテスト得点との相関係数を算出すると，強い相関があると解釈できました。これは，英語学習への好意性はテスト得点に影響を及ぼしていると解釈してよいのでしょうか。

たとえば，このQ2とリーディング得点の相関係数が.74だった場合，理論的には英語学習への好意性とテスト得点間に相関があってしかるべきですし，この2変数には相関があると解釈したとします。これにはなんら問題ないでしょう。

ただし，相関係数はあくまで2つの変数の一方が変化したときにもう一方が変化すると仮定したときの度合いを数値化した，記述的なものであるということを念頭に置かなければなりません。つまり，それらの間に，影響を与える関係（因果関係）があるかどうかということに関しては，数値からは何もわからないのです。

たとえばこの場合には，英語学習への好意性とテスト得点には，好きだからテストの成績が良くなるという方向と，テストの成績が良いから好きになるという方向の，2通りの方向を考えることができます。このような場合に，単方向の因果だけを考えるのは避けるべきです。ここでもやはり，他の資料や先行研究を参考に，何が何に因果を及ぼすのかを，しっかり特定しなければなりません。独善的にならず，しっかり解釈することが必要です。

つまり相関係数というのは，あくまで2つの変数間に直線的な共変関係を仮定したうえで，その強さを数値化したものだということに留意しなければならないのです。

6. その他の相関係数

自分でいろいろ調べていると，アンケート回答で5段階評定を求めた場合のようなデータの場合，これは順序尺度であるから順位相関係数を使うべきであると書いてありました。ここまでは相関係数と言えばピアソンの積率相関係数ということでしたが，順位相関係数は考慮しなくてよいのですか。

　本章で扱った相関係数は，ピアソンの積率相関係数と呼ばれるものです。これが最もよく用いられる相関係数ですが，理論的には間隔尺度（第2章第2節）以上の尺度で，正規分布をなす変数にしか使えません。しかし，実際には5件法などで得られた順序尺度（第2章第2節）データや正規性が確認されていない（正規分布をなすことが確認されていない）間隔尺度データにも用いられることがあります。これは，数理的には間隔尺度以上として扱って，パラメトリックな手法を用いる方が，得られる情報量が多く分析の手順が簡単であるためです。

　ノンパラメトリックな手法には，スピアマンの順位相関係数やケンドールの順位相関係数などがあります。順位相関係数を使って理論的な整合性を取るか，得られる情報量の多さやその後の分析手法への発展を取るかは，分析者の判断にゆだねられるところと言えるでしょう。ただし，一般的に英語教育に関連して用いるなら，本章で扱ったピアソンの積率相関係数で十分な場合がほとんどだと考えられます。

本章のまとめ

1. 相関関係とは，2つの変数の間にある，一方の値が変わればもう一方が一定量変化するという関係のことであり，その関係の強さを−1から+1の間で数値化したものが相関係数である。これを

図示するには，散布図を使うとわかりやすい。
2. 相関係数の解釈に絶対的な基準はないので，2つの変数それぞれの性質や先行研究などから得られた知見などを考慮して，得られた相関係数がどのような意味を持つのか解釈しなければならない。なお，相関係数の検定は，あくまで得られた相関係数が「ゼロであると言える確率」を議論するものであり，相関の強さの議論とは直接的には関連しない。
3. カテゴリー数が少ない変数同士の関連を表現するには，表ではクロス集計表や，図ではバブル・チャートを使うとわかりやすい。
4. どんな2つの変数間においても相関係数は算出されるので，それらの変数が本当に関連のあるものなのかどうか，注意しなければならない。
5. 相関関係があるからといって，一方の変数がもう一方の変数に単方向的に影響を及ぼすという因果関係があるとは限らない。
6. ノンパラメトリックな手法で求めるスピアマンの順位相関係数やケンドールの順位相関係数もあるが，一般的によく用いられて高度な分析への発展性があるのはピアソンの積率相関係数であり，相関係数とは通常このことを指す。

〈引用文献〉
市川雅教 (1999)「Question 42 相関係数の評価」繁桝算男・柳井晴夫・森敏昭 編『Q & A で知る統計データ解析 DOs and DON'Ts』サイエンス社, pp.86-87.

第8章

テスト欠席者の見込み点の予測
——回帰分析——

1. ある変数で他の変数を予測する

　テストに欠席した生徒がいました。受験時期をずらすことで不公平が出てもいけませんし，再度問題を作り直すことも無理だったので，追試は行っていません。欠席した生徒の得点はゼロとして扱うしかないのでしょうか。

　このような場合にはどう処理することが多いでしょうか。欠席だからゼロとして扱う場合や，別の問題で再テストを行う場合，同じ問題で再テストを行ってそのまま得点を処理したり受験時期がずれたからという理由でその得点のすべてではなく8割や6割を得点として処理したりする場合，学年末の時期などであればその生徒のそれまでのテスト得点の平均点を用いたりする場合，などがあるでしょう。

　欠席だからゼロとして扱うというのは簡単ですが，実際に受験すれば0点をとらないであろう生徒の得点を，0点として評定を行うのは忍びないでしょう。別の問題で再テストをするには，同じ学力の生徒が受験したらできるだけ同じ得点になるようなテストを作成しなければならないため，その労力はあまりに多大で，無理に近いでしょう。同じ問題で再テストを行うと，受験した他の生徒から問題が（生徒に悪意はなくても）漏れて不当に得点が高くなる危険もありますし，8割や6割として計算するといっても根拠は不明です。

前章で，2つの変数の関連については，相関係数を用いて表現するということを紹介しました。本章では，1つの変数で他の1つの変数を予測する回帰分析と，複数の変数で他の1つの変数を予測する重回帰分析を扱います。これらの方法で，手持ちのデータから測定できなかったデータを予測（推定）するとともに，その予測の精度を検討することができます。

2．散布図と回帰分析

他のテストの得点を用いて，欠席者のテストの得点を予測するには回帰分析を使うことができるということですが，それはどのような分析なのですか。

たとえば，中間テストの得点（以下，「中間」）で期末テストの得点（以下，「期末」）を予測することを考えてみましょう。次の表 8-1 のように，夏休み明けの課題テストの得点（以下，「夏課題」）も含め，全部で 40 人分のデータがあったとします。実際にソフトを使って統計処理をする際には空欄にすることが多いのですが，表 8-1 では欠席者はわかりやすく「欠席」としています。

表 8-1　欠席者のいるテスト得点一覧表

番号	夏課題	中間	期末	番号	夏課題	中間	期末	番号	夏課題	中間	期末
1	49	79	71	15	24	欠席	42	28	15	17	15
2	27	49	19	16	33	68	37	29	42	90	84
3	26	69	欠席	17	8	9	12	30	16	41	37
4	38	73	58	18	39	78	49	31	9	30	19
5	35	76	56	19	39	70	53	32	18	55	38
6	38	60	61	20	15	66	44	33	27	80	46
7	40	73	71	21	20	67	68	34	18	41	19
8	39	49	55	22	33	61	55	35	30	55	65
9	30	75	36	23	38	93	77	36	37	80	79
10	5	17	21	24	欠席	70	68	37	31	36	欠席
11	42	81	73	25	36	78	77	38	22	70	25
12	21	45	35	26	29	81	41	39	4	10	19
13	44	69	53	27	16	40	24	40	30	72	61
14	25	43	44	—	—	—	—				

第8章●テスト欠席者の見込み点の予測

　実は，前章の相関分析と本章の回帰分析には，深い関係があります。まず，相関分析のときと同様に，中間の得点を横軸に，期末の得点を縦軸にとって，両方のデータが揃っている37人分の散布図を図8-1のように表してみましょう。

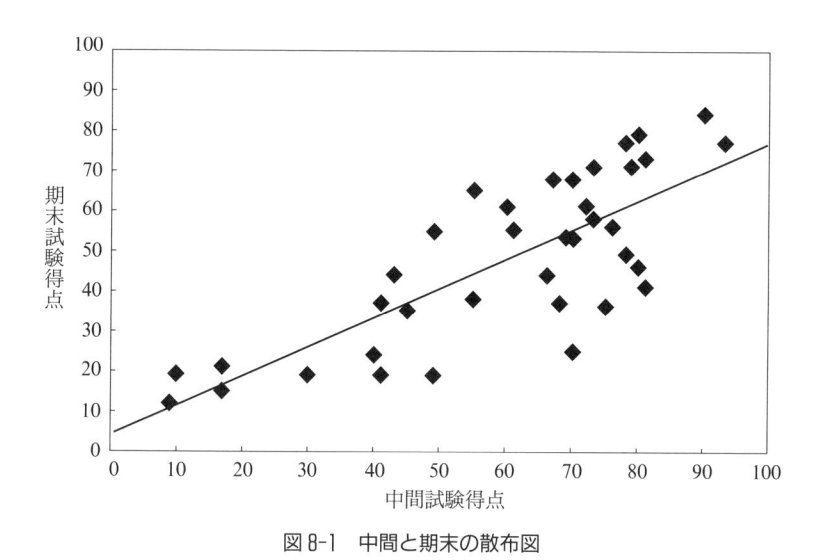

図8-1　中間と期末の散布図

　前章の図7-1と違い，直線が描き加えられています。この直線のことを「回帰直線」と呼び，2つの変数の「関係を直線で要約したもの（山田，1989）」と説明できます。回帰分析とは，この直線について，「予測される変数（従属変数，基準変数，目的変数）」が，「予測に使う変数（独立変数，説明変数，予測変数）」にどういった値（偏回帰係数）をかけて，どういった初期値（切片）を足せば予測できるのか，という式（8.1）を明らかにするものです。「予測される変数」「予測に使う変数」は用語を使い分けるべき場面もありますが，これ以降は南風原（2002）にならい，「従属変数」「独立変数」と呼びます。

$$従属変数＝偏回帰係数 \times 独立変数＋切片 \tag{8.1}$$

さて、期末を従属変数、中間を独立変数として分析すると、「期末＝0.73×中間＋3.90」という式が求まりました。この式に中間の得点を代入して、期末の得点を推定すればよいわけです。

ただし、図8-1に示される直線と点のずれのように、まったく誤差がないわけではありません。予測の精度を確かめる手がかりとなるのが、標準偏回帰係数と決定係数です。夏課題で期末を予測すると、「期末＝1.38×夏課題＋8.47」となりました。たとえば、期末を予測するのに中間と夏課題のどちらが高精度か比較するのに、偏回帰係数や切片を比べてもはっきりしません。

このように予測の確かさを確認したい場合に、相関係数と同様に－1から＋1の値をとってその予測力の強さを示す、標準偏回帰係数を用います。その値がゼロから離れて＋1もしくは－1に近づくにつれ、予測力は高いということを示します。

回帰分析が相関分析と関係が深いことには触れましたが、独立変数が1つの回帰分析で得られる標準偏回帰係数は、相関係数と同じ値を示すという特性を持ちます。したがって、候補として複数ある独立変数のうち、どれを使う方が従属変数をしっかり予測できるかどうか相対的に比較するときは、この標準偏回帰係数を使うとよいというわけです。

期末を従属変数としたときの回帰分析における標準偏回帰係数は、夏課題が独立変数なら.79、中間が独立変数なら.78となります。この場合には非常に似通っていますが、ほんのわずかだけ夏課題を用いる方が正確に予測できるという判断をすることができます。

ただし、相関係数と同様に、この標準偏回帰係数についても、どのくらいの値であれば絶対的に高い・低いという基準はありません。統計ソフトを用いて回帰分析を行うと、回帰分析における分散分析結果も出力されることがあります。しかし、これも相関係数の検定と同様、その偏回帰係数がゼロであると言える確率を算出しているだけです。つまり、値の大きさとは必ずしも関係ありません。

一方、独立変数が従属変数の何％を予測できているのかを示す値があり

ます。それが，決定係数です。この決定係数を求めるには，標準偏回帰係数を二乗するだけです。したがって，上の例で夏課題を独立変数とした場合には.63，中間の場合には.61となり，それぞれ63％，61％が予測されるという結論に達します。後は，その説明率が十分なものであるかどうか，相関係数の解釈と同様にしっかり考える必要があります。

3．重回帰分析

> せっかく，夏課題，中間，期末の3種類のテストのデータがあるのですから，1つを予測するためにどちらか1つを選んで使うという方法ではなく，2つを用いて1つを予測する方法はありませんか。

前節までは1つの独立変数で従属変数を予測するという，回帰分析を扱いました。独立変数が1つの場合は特に，これを「単回帰分析」と呼ぶこともあります。独立変数が2つ以上ある場合には，これを「重回帰分析」と呼びます。複数の独立変数を使うことによって，より予測力の高い分析結果を得ることができるように試みる方法です。

重回帰分析では独立変数が複数（n個）あるわけですから，次の式(8.2)で表すことができます。

従属変数＝偏回帰係数$_1$×独立変数$_1$＋…＋偏回帰係数$_n$×独立変数$_n$＋切片　(8.2)

たとえば，夏課題と中間の2つを独立変数として，期末を予測する重回帰分析を行ったとしましょう。すると，「期末＝0.81×夏課題＋0.38×中間＋2.04」となります。

また，回帰分析と同様に，標準偏回帰係数を使って解釈することができます。その分析において，それぞれの独立変数が従属変数をどの程度予測するものなのか，独立変数の単位（この場合には何点満点であるか）に関係なく，確かめることができます。

そして重回帰分析においては，独立変数の数を増やして材料がたくさんあれば，従属変数を予測しやすくなることが自明です。予測の精度を高めたいだけのときには決定係数を用いて予測の精度を検討すればよいでしょ

う。一方，研究などの目的で，できるだけ簡略な予測モデルを検討したいときもあります。その場合には，独立変数の数を考慮して調整した，自由度調整済み決定係数を用いて，従属変数が予測される割合を解釈することが一般的です。

ここで用いた，2つの独立変数で期末を予測した例では，自由度調整済み決定係数は.67となります。前節で示したような，独立変数を1つしか用いない場合に比べて，ほんの少しですが予測できる割合が上がっていることがわかります。

4. 重回帰分析の偏回帰係数の解釈

「語彙テスト」，「文法テスト」，「作文テスト」，それぞれの得点を独立変数として，「読解テスト」の得点を従属変数として，重回帰分析を行いました。その結果，それぞれの独立変数が持つ標準偏回帰係数を，従属変数に影響を与える強さとして解釈すればよいのでしょうか。標準偏回帰係数について，語彙テストが.53，文法テストが−.19，作文テストが.39だった場合には，読解能力に一番影響を与えているのが語彙力で，次が作文能力であり，文法能力は少し負の影響を与えていると判断すればよいのでしょうか。

重回帰分析は，従属変数の予測（推定）には非常に有用ですが，それぞれの独立変数が従属変数に及ぼす影響の大きさについて安易に論じるのは，非常に危険です。

なぜなら，重回帰分析における偏回帰係数は「『当該予測変数以外の予測変数の値を一定にしたという条件下で，当該予測変数を1単位動かした時に基準変数の平均的な変化（変化の期待値）』と解釈する（豊田，1998）」からです。この例にかかわらず，英語学習に関するデータにおいて，実質的に，ある独立変数が変動しても，他の独立変数は変動しないということは考えにくいことです。

さらに，独立変数と従属変数との相関分析をした場合の相関係数と，重

回帰分析における独立変数から従属変数への影響の強さを表す標準偏回帰係数とが，大きく異なってしまう場合があります。これは，複数の独立変数に共通して従属変数を予測できる割合が存在するために，最も予測力が強い独立変数の偏回帰係数以外の偏回帰係数は小さめに算出されたり負の値になってしまったりするからです（柳井，1999）。

つまり，偏回帰係数は，あくまで分析内の他の独立変数とのかねあいの中で算出されるものであり，ある独立変数だけが他の独立変数をさしおいて変動するという，可能性の低い仮定におけるものであることを忘れてはいけません。重回帰分析は基本的に，あくまで従属変数の予測にのみ用いるべきであると言えます。そして，それぞれの偏回帰係数を解釈する際にも，分析に用いた独立変数との関連においてのみ，従属変数への影響を示す値として算出される係数であることに留意しなければなりません。

この場合には，3つの独立変数のうちで「語彙テスト」が最も従属変数である「読解テスト」の予測力が高かったために，他の2つの独立変数からの偏回帰係数は，単独で持つ予測力よりも低く算出されたり，負の値になったりしています。4変数間の相関係数と，この例のように重回帰分析

表 8-2　独立変数と従属変数の間の相関係数と標準偏回帰係数

	相関係数				標準偏回帰係数
	語彙テスト	文法テスト	作文テスト	読解テスト	
語彙テスト	1.00	.67	.55	<u>.62</u>	<u>.53</u>
文法テスト		1.00	.67	<u>.43</u>	<u>−.19</u>
作文テスト			1.00	<u>.56</u>	<u>.39</u>
読解テスト				1.00	―

を行った結果の標準偏回帰係数を，表 8-2 で見てみましょう。

まず，下線を付していないところを見てください。独立変数間にある程度の相関関係があることが確認できます。次に，相関係数のうちで下線を付しているところを見てください。従属変数である「読解テスト」と，各独立変数との相関係数です。仮に，それぞれの独立変数と従属変数とを用いて単回帰分析を行ったら，これらの値（.62, .43, .56）が標準偏回帰係数となります。

そして，下線を付した標準偏回帰係数を確認します。単回帰分析で独立変数と従属変数とを1対1で分析した場合と比べ，大きく異なった値が算出されています。これをもって，文法能力は読解能力に悪影響を与えているなどという解釈をするわけにはいきません。

したがって，研究の興味が，各独立変数による従属変数の予測ではなく，各独立変数と従属変数との1対1の関係の強さにあれば，相関分析を行って相関係数を解釈することで十分でしょう。

ただし，重回帰分析が間違った手法だというわけではありません。従属変数を「予測」するために用いるのであれば問題ないのです。しかし偏回帰係数を，独立変数が従属変数に対して，絶対的に「因果」や「影響」を与える度合いとして解釈することは，困難であり，多くの問題をはらんでいるために誤解釈の危険がつきまとうと言えます。

本章のまとめ

1. 回帰分析及び重回帰分析とは，ある変数を他の1つまたは複数の変数で予測または説明する分析である。予測に用いる変数が1つのときには特に単回帰分析，複数のときには重回帰分析と呼ばれる。

2. 予測に用いる変数を独立変数，予測される変数を従属変数と呼ぶ。分析結果から，「従属変数＝偏回帰係数×独立変数＋切片」という回帰直線の式が導かれる。標準偏回帰係数とは，独立変数の単位に関係なく従属変数を予測できる度合いを示すために用いられる，標準化された偏回帰係数である。また，標準偏回帰係数を二乗したものを決定係数と呼び，従属変数が予測される割合を百分率で示す。

3. 重回帰分析とは，複数（n個）の独立変数が従属変数を予測また

は説明する分析で,「従属変数＝偏回帰係数$_1$×独立変数$_1$＋…＋偏回帰係数$_n$×独立変数$_n$＋切片」という重回帰式を求めるものである。単回帰分析と同様に標準偏回帰係数を用いることもある。従属変数が予測される割合を検討するには決定係数を用いる。
4. 重回帰分析は，従属変数の予測には非常に有用であるが，個々の独立変数が従属変数に与える影響の強さを検討するには不向きである。

〈引用文献〉
豊田秀樹（1998）『共分散構造分析［入門編］』朝倉書店.
南風原朝和（2002）『心理統計学の基礎―統合的理解のために』有斐閣.
柳井晴夫（1999）「Question 53 偏回帰係数と単相関」繁桝算男・柳井晴夫・森敏昭編『Q ＆ A で知る統計データ解析 DOs and DON'Ts』サイエンス社，pp.107-108.
山田文康（1989）「相関と回帰」池田央 編『統計ガイドブック』新曜社，p.54.

第9章

英会話テストの信頼性の検討
——一般化可能性理論——

1. 英会話テストの信頼性

　　英会話テストを評価の材料として使っています。ペーパーテストと違って，人間が評価を行うので信頼性が高いかどうかが疑問です。

　どのような形であれ，評価を行う際には妥当性と信頼性の高い方法によってなされなければなりません。妥当性と信頼性については第1章で説明した通りです。そこでは，ペーパーテストの場合の信頼性の検討について解説しましたが，英会話テストの場合は人間が判断するため，ペーパーテストとは異なり，評価にずれが生じやすいと考えられます。このことは，英会話テストの場合に限らず，英作文問題で内容を評価するときにも同様の問題が起こりうると言えます。

　このようなずれを起こりにくくするためには，複数の評価者で評価を行うことや，評価項目を多くすることが挙げられます。第1章で説明した通り，これらを多くすることによって誤差を小さくすることができるのです。しかし，ただ単に「多くする」と言っても，具体的に評価者を何人用意すればよいのか，評価項目をいくつ用意すればよいのかを具体的に知りたいところです。英会話テストなどでは，1人あたりにかけられる時間も極めて短いため，評価項目が多すぎても評価を行いにくくなります。また，評価者を複数用意すればよいとはいえ，できれば1人で信頼性の高い評価が行えれば，それに越したことはありません。

そこで，ここでは英会話テストの信頼性の検討の方法と，信頼性の高い評価を行うために必要な評価者数と項目数を知るための方法を見ていくことにします。

2．実施した英会話テストの信頼性

では，どういった方法で，実際に行った英会話テストの信頼性の検討を行えばよいのでしょうか。

英会話テストの信頼性の検討を実際に行ってみることにしましょう。表9-1は実際に行われた英会話テストのデータです。日本人英語教師2名が，「発音・リズム・イントネーション」と「文法的正確さ」という2つの観点で各生徒に対して評価を5段階で行い，その合計点で評価を行うという形式でテストが実施されました。

表9-1 英会話テストのデータ

出席番号	評定者1		評定者2	
	発音・リズム・イントネーション	文法的正確さ	発音・リズム・イントネーション	文法的正確さ
1	1	2	1	2
2	5	5	5	5
3	5	5	4	4
4	4	5	4	4
5	2	2	2	2
6	3	3	4	3
7	1	1	1	1
8	2	1	2	2
9	2	3	3	3
10	2	2	2	2
11	3	2	3	2
12	5	5	5	5
13	4	5	5	5
14	4	5	4	5
15	5	4	4	5
16	5	5	4	5
17	5	5	5	5
18	2	2	2	2
19	4	5	3	4
20	4	3	4	3
21	4	4	3	4

このようなテストの場合に問題となるのは，評価者によって評価が厳しくなったり，甘くなったりしていないか，また，生徒によってえこひいきが生じていないかということです。そこで，そういったことが起こっていないかどうかを一般化可能性理論というものを使って検討します。

「一般化可能性理論」とは，学力をはじめとした心理量の測定において必ず存在する測定誤差の成分と大きさを検討するための方法（Brennan, 2001）です。英会話テストの場合で考えると，そのテストだけで真の「英会話力」のようなものを測ることはできません。「英会話力」そのものに物差しをあてがうのではなく，テストというものを間接的に用いて測定するわけですから，測定値には必ず誤差が含まれます。その誤差が，評価者の違いや，項目の違いなど，どのようなことが原因となっているのか，またそれぞれの原因による誤差の大きさはどの程度なのかを検討するための方法が一般化可能性理論です。また，この理論を用いると，いくつの項目で評価を行えばよいのか，また，何人の評定者が必要なのかをシミュレーションを行い検討することもできます。

そのためには，分散分析の一種を用いて誤差の要因の成分を推定します。ここでは表9-1のように，2人の評定者が2項目の評価をすべての対象者に対して評価を行った場合について解説しますが，こういったデータの形しか検討できないわけではありません。さまざまなデータの形への適用については，池田（1994）が参考になります。

3. 英会話テストの誤差の原因と信頼性

> 一般化可能性理論を使うと，英会話テストのような評価の信頼性を検討できることはわかりましたが，具体的に誤差の原因の検討方法を教えてください。また，信頼性の検討はどのようにすればよいですか。

では，実際に表9-1のデータを，一般化可能性理論を用いて検討してみましょう。まず，このようなテストにおける誤差の原因として考えられるものを挙げてみます。

このテストは，(1)生徒が，(2)2人の評定者によって，(3)2項目で評価されるわけですから，まず，これら3つが誤差の要因となります。つまり，(1)生徒によって評価が違うということ，(2)評定者によって評価が違うということ，(3)項目によって評価が違うということが起こり得ると考えられます。単体の要因に加えて，(4)生徒と評定者の違い（えこひいきなど），(5)生徒と項目の違い（個人差によってその項目が英会話力を代表するには違いが大きすぎるなど），(6)評定者と項目の違い（先生によってその観点の評価が厳しすぎるなど），さらには(7)生徒と評定者と項目の3つの要因が絡み合った誤差というように，以上7つが誤差の要因となり得ます。

　この誤差の要因の成分を分散分析の一種により検討します。この先は誤差の要因を変動要因と，またその成分を分散成分と呼ぶことにします。表9-1のデータを，統計ソフトを用いて分析した結果，表9-2のような分散成分の推定値が得られました。具体的なソフトの使い方は，Shavelson and Webb (1991) や，山森 (2002) において解説されています。

表9-2　分散成分

変動要因	分散成分
(1)生徒	1.676
(2)評定者	0.001
(3)項目	0.002
(4)生徒×評定者	0.023
(5)生徒×項目	0.093
(6)評定者×項目	−0.006
(7)生徒×評定者×項目	0.137

表9-3　分散成分（ブレナンの修正後）

変動要因	分散成分
(1)生徒	1.676
(2)評定者	0.001
(3)項目	0.002
(4)生徒×評定者	0.023
(5)生徒×項目	0.093
(6)評定者×項目	0.000
(7)生徒×評定者×項目	0.137

　まず，表9-2を見てみましょう。すると，〈(6)評定者×項目〉の分散成分が負の値になっています。本来，分散が負の値になることはありません。その原因としては，このデータがこの分析に不向きであるということと，分散の真の値は0に極めて近いかのいずれかが考えられます。この場合は，−0.006と，極めて0.000に近いと言えます。このように，分散が負でその値が極めて0に近いと考えられる場合，一般化可能性理論において

は以後の分析のために0に置き換えます。これを「ブレナンの方法」(Brennan, 1983) と言います。このブレナンの方法を用いて負の分散成分の値を.000に修正したものが表9-3です。

　では，表9-3を用いて，どのようなことが誤差の要因となっているかを検討してみましょう。まず，最も大きい分散成分の推定値は，〈（1）生徒〉の変動要因によるものです。しかし，これは生徒によって評定が違うということですから，当然のことです。つまり，高い評価のついた生徒も低い評価のついた生徒もいるということです。次に大きいのは，〈（5）生徒×項目〉の変動要因によるものです。この英会話テストの場合は，発音などは低い評価でも，文法的正確さは高い評価の生徒もいれば，その逆の生徒もいるということです。しかし，それほど大きな値ではないので，英会話テストの項目として両者が違いすぎるということではありません。

　その次は，〈（4）生徒×評定者〉の変動要因によるものです。これは，評定者1の先生はある生徒にだけ高い評価をつけているのに，評定者2の先生は低い評価をつけているということもあれば，その逆もあるということを示しています。しかし，〈（5）生徒×項目〉の変動要因と同様に，それほど大きな値ではないので，問題となるようなえこひいきはなかったと考えられます。その他の要因については，ほとんど0に近いので，ある評定者だけが厳しく評価をつけすぎたとか，評定者によって項目のとらえ方が違うといったことは起きていないと考えられます。また，最後の〈（7）生徒×評定者×項目〉の変動要因については検討しません。変動要因が3つも絡み合って複雑なため，解釈が非常に困難だからです。

　では，この英会話テストの信頼性を検討してみましょう。第1部第1章で信頼性係数の説明をしましたが，一般化可能性理論でも信頼性を数値で検討することができます。この数値を「一般化可能性係数」と言います。表9-3について，〈（1）生徒〉の分散成分をσ_p^2，〈（2）評定者〉の分散成分をσ_i^2，〈（3）項目〉の分散成分をσ_j^2，〈（4）生徒×評定者〉の分散成分をσ_{pi}^2，〈（5）生徒×項目〉の分散成分をσ_{pj}^2，〈（6）評定者×項目〉の分散成分をσ_{ij}^2，〈（7）生徒×評定者×項目〉の分散成分をσ_{pij}^2とし，評定者数

を n_i，項目数を n_j としたとき，一般化可能性係数 $E\rho^2_{Rel}$ は，式 (9.1) で求めることができます (Shavelson & Webb, 1991)。

$$E\rho^2_{Rel}=\frac{\sigma_p^2}{\sigma_p^2+\dfrac{\sigma_{pi}^2}{n_i}+\dfrac{\sigma_{pj}^2}{n_j}+\dfrac{\sigma_{pij}^2}{n_i n_j}} \qquad (9.1)$$

なお，σ_i^2, σ_j^2, σ_{ij}^2 は，一般化可能性係数を算出する際には用いません。では，実際に計算してみましょう。この英会話テストの場合，評定者数，項目数とも2ですから，

$$E\rho^2_{Rel}=\frac{1.676}{1.676+\dfrac{0.023}{2}+\dfrac{0.093}{2}+\dfrac{0.137}{2\times 2}}=0.95$$

となります。つまり，この英会話テストの一般化可能性係数は.95です。この一般化可能性係数は，第1章で説明した信頼性係数と同様に解釈します。したがって，.80を超えれば十分に信頼性は高いということになりますから，この英会話テストの信頼性は高いと言えます。

4．英会話テストに必要な評定者数と項目数

　この英会話テストの信頼性は十分に高いということはわかりました。しかし，できれば評定者1人で評価をしたいのですが，その場合は何項目用意すればよいでしょうか。

一般化可能性理論を用いると，いくつの項目で評価を行えばよいのか，また，何人の評定者が必要なのかをシミュレーションにより検討することもできます。具体的には，式 (9.1) の n_i (評定者数)，n_j (項目数) の数値を変えればよいのです。したがって，ここで検討した英会話テストとまったく同様のテストを評定者1人，2項目で評価を行ったらどうなるのかを式 (9.1) を使って検討すると，

$$E\rho^2_{Rel} = \frac{1.676}{1.676 + \frac{0.023}{1} + \frac{0.093}{2} + \frac{0.137}{1 \times 2}} = 0.94$$

となり，評定者2名の場合と同様に高い信頼性が確保されることがわかります。また，評定者数と項目数を変えたときの一般化可能性係数の変化は図9-1のように表すことができます。この英会話テストとまったく同様のテストを行う場合，評定者数1人，1項目のみで行っても，十分に高い信頼性が確保されることがわかります。

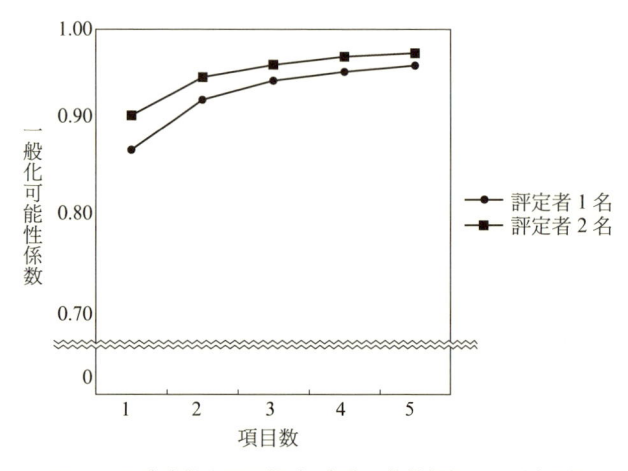

図9-1 評定者数と項目数が一般化可能性係数に及ぼす影響

このようにして，一般化可能性理論を用いると，英会話テストのような形式のテストにおける誤差の要因や信頼性を検討できる他，十分に高い信頼性を得るために必要な評定者数や項目数の検討を行うことができます。たとえば，山森（2002）では1学期から3学期までの関心・意欲・態度の評価について，学期ごとに一般化可能性理論を用いて，誤差の要因や十分に高い信頼性を確保するために必要な項目数の検討を行い，次学期の評価項目の設定を行うという，継続改良的方法による実践研究が行われています。単に結果の記述にとどまらず，次回への改善案を示してくれるという

点で，一般化可能性理論は日常の評価活動の改善にたいへん役立つと言えるでしょう。

本章のまとめ

1. 英会話テストや英作文テストのように，採点者の主観が採点に影響を与えやすいテストでも，採点の信頼性を高めるための工夫が必要である。
2. 英会話テストのような形式のテストでも，一般化可能性理論を用いて信頼性を検討できる。その場合，分散成分を推定する必要がある。
3. 一般化可能性理論を用いると，そのテストの誤差の原因を詳細に検討することができる。また，信頼性係数に相当する，一般化可能性係数を求めることができる。
4. さらに，十分に高い信頼性を得るために必要な評定者数や項目数の検討を行うことができる。

〈引用文献〉

Brennan, E. L. (1983). *Elements of generalizability theory*. Iowa: American College Testing Program.

Brennan, E. L. (2001). *Generalizability theory*. New York: Splinger.

Shavelson, R. J., & Webb, N. M. (1991). *Generalizability theory: A primer*. Newbury Park: Sage Publications.

池田央（1994）『現代テスト理論』朝倉書店.

山森光陽（2002）「一般化可能性理論を用いた観点別評価の方法論の検討」*STEP Bulletin*, 14, 62-70.

第3部
研究論文編

　1人の教師の力だけで，教育実践をよりよいものにしようとしても限界があります。自らの実践成果を発表し，多くの先生方との意見交換をすることにより，自分もまわりの先生方も教育技術をブラッシュアップすることができます。実践成果は，校内の教科部会や研修会での発表だけでなく，学会などで研究発表や実践報告を行うほか，論文としてまとめることで，より多くの先生方との情報共有が可能になります。情報を共有できるようにするためには，複雑な要因の交絡している教室の生徒像を解きほぐし，わかりやすくまとめることが必要です。文字での記述も有効ですが，そういうときにも，統計手法は便利な道具として役立ちます。

　そこで，第3部では「研究論文編」として，これまで紹介した統計手法以外で，教育研究においてよく用いられる手法を紹介します。

第 10 章

自己評価項目の集約と解釈
――因子分析――

1. 複数の変数間の関係を探る

　生徒の英語学習に対する学習動機を調査するために，アンケート用紙を作成して自己評価をしてもらいました。すると，特定の質問項目に対する回答が何らかの関係を持っていそうなことがわかりました。しかし，その関係は複雑ではっきりしません。このような場合，どうしたらよいのでしょうか。

　アンケート調査などでいくつかの質問項目があった場合，似たような回答をされる項目のグループがいくつか出てくることがあります。そのような項目のグループを探るのが，「因子分析」と呼ばれる統計的手法です。この手法を使うことで，観測された変数（ここでは質問項目）が，どのような共通の特性から影響を受けているのかを明らかにすることができます。因子分析はこれまで，教育心理学や社会心理学などの分野で頻繁に利用されてきましたが，近年では英語教育の研究においても積極的に用いられています。
　では，因子分析の基本的な考え方について，もう少し詳しく見ていくことにしましょう。たとえば，市川（1998）を参考に，英語学習に対する学習動機を調査する項目として，次の 6 項目を用意したとします。

1. 新しいことを知りたいから。
2. いろいろな知識を身につけた人になりたいから。
3. 勉強がわかること自体おもしろいから。
4. 大人になって，経済的によい生活ができるから。
5. 将来，いい仕事先があるから。
6. よい学校に進学できるから。

これら6項目間の相関（第7章）を調べたとき，1から3までの項目群，また4から6までの項目群の相関がそれぞれ強かったとします。このような場合，それぞれの項目群の背後に共通する原因となるものを想定することができます。これが潜在変数（あるいは因子）と呼ばれるものです。また，項目に対して実際に答えてもらい，いわば反応を観測するわけですから，各項目のことを観測変数と言います。図10-1は，これらの変数の関係を簡略的に示したものです。

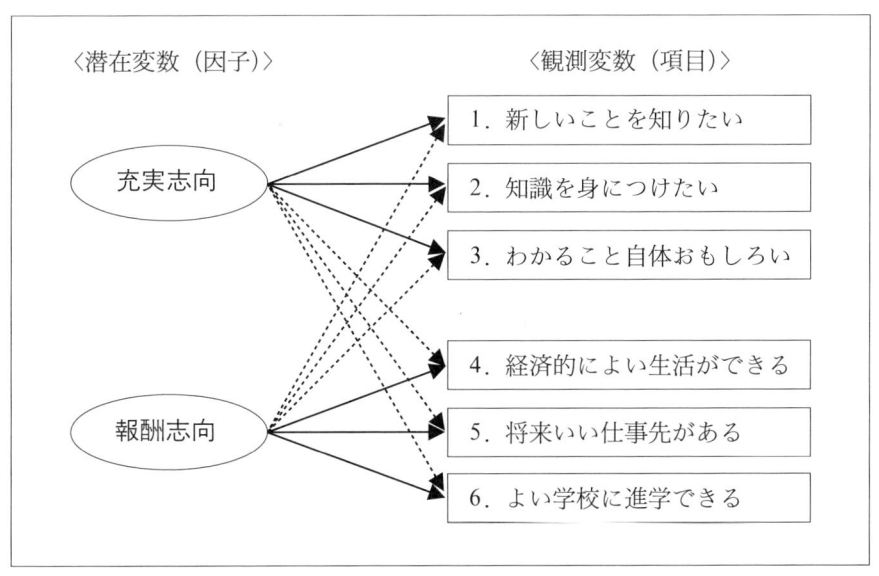

図10-1　因子分析の簡略図

ここで，上の3つの項目は「わかること自体おもしろい」など比較的，英語の学習自体を楽しんでいる「充実志向」の影響を受けていると想定できるでしょう。それに対して，下の3つの項目は英語学習を，報酬を得る手段として捉えている「報酬志向」の影響を考えることができます。図10-1でいうと，「充実志向」と「報酬志向」のそれぞれから対応する項目に引かれた実線が，これらの影響関係を示しています。同時に，「充実志向」を構成する項目と「報酬志向」を構成するそれが，互いにまったく影響を与え合わない（まったく関係を持たない）と考えるのは不自然です。したがって，図中の破線は，そのような弱い影響関係を示しています。

このように因子分析とは，質問項目などの観察可能な変数（観測変数）から，観察不可能な潜在変数（因子）を推定し，その解釈を試みる分析手法なのです。

2．因子分析の前提とは

> 因子分析を実際に行う際には，注意しなければならない「前提」があると聞きました。具体的には，どのようなことでしょうか。

因子分析を行うにあたっては，その前提として，いくつか留意しなければならない点があります。以下では，大きく2つの観点からこれらの前提について考えてみましょう。

(1) ある程度の標本数を確保すること

因子分析を行うためには，ある程度の標本の大きさが必要となります。しかし，これには絶対的な基準というものはありません。なぜなら，質問紙調査の場合だと，その項目数，回答の方法（3件法や5件法など），抽出する因子の数(本章第4節)などによって，必要となる標本数が異なってくるからです。平たく言えば，標本数は多ければ多いほどよいとされますが，実際に教室場面で調査を行うとすれば，現実的にならざるを得ない場面もあるでしょう。

(2) 観測変数は間隔尺度以上であること

一般的な因子分析は，ピアソンの積率相関係数をもとにして行われます。一方，質問紙調査などで用いられるアンケートは，「よく当てはまる」「やや当てはまる」「どちらとも言えない」「あまり当てはまらない」「まったく当てはまらない」などの5件法や，これに類似した尺度で測定が行われます。しかし，このような尺度は順序尺度（第2章）と呼ばれるもので，ここで言う「よく当てはまる」と「やや当てはまる」の間の差が，「あまり当てはまらない」と「まったく当てはまらない」の差と等しいという保証はまったくありません。したがって，厳密には，このようなカテゴリーを「5，4，3，2，1」と数値化し，四則演算が許容される間隔尺度のデータとして処理することは適切ではありません（第2章第3節）。

ただし，これまでの研究によると，5件法以上の順序尺度データであれば，間隔尺度以上と見なしても，結果に大きな影響はないことが指摘されています（狩野・三浦，2002）。したがって，「できた」「できない」などの2値からなる尺度をそのまま因子分析に持ち込むことは問題ですが，少なくとも5件法以上のデータに対して，因子分析を行うことは可能だと言えるでしょう。

また，データの分布が著しく偏っている変数があると，結果が不安定になりますので，注意する必要があります。

3．因子分析を実行する際の手順

　実際に分析をしてみたいと思い，因子分析を使った先行研究を読んでみたところ，どの研究も似たような手順を踏んで分析を行っていました。因子分析には，一定の手順のようなものがあるのでしょうか。

因子分析は，大きく分けると，次のような4つの手順で行われます。
（1）観測変数の相関係数行列を計算する。
（2）因子の推定（抽出）を行う。
（3）因子軸の回転を行う。
（4）得られた因子を解釈する。

そこで以下では，統計ソフトの利用を想定しながら，それぞれの手順について具体的に説明します。

(1) 観測変数の相関係数行列を計算する

まずは，観測変数間の相関係数行列（相関係数をまとめた行列）を計算します。これは先の図10-1で示したように，観測変数間にどのような関係があるのか把握するために行われます。特に，事前にどの変数群が因子を構成するのか具体的な仮説がない場合には，この相関係数行列を参考に，得られそうな因子のめどをつけることができます。

では実際に，高校生1,584人を対象としたデータのうち，全ての変数に対して回答した1,571人のデータについて，先に挙げた学習動機に関する6つの質問項目間の相関を調べてみましょう。表10-1は，それぞれの項目間の相関係数を計算したものです。

表10-1　各項目間の相関係数行列

	項目1	項目2	項目3	項目4	項目5	項目6
1．新しいことを知りたい	1.00					
2．知識を身につけたい	.57	1.00				
3．わかること自体おもしろい	.52	.56	1.00			
4．経済的によい生活ができる	.23	.34	.25	1.00		
5．将来いい仕事先がある	.24	.38	.27	.66	1.00	
6．よい学校に進学できる	.19	.31	.26	.56	.58	1.00

表からわかるように，項目1から項目3は，それぞれお互いに$r=.52$〜.57のように比較的強い相関を示している一方，項目4から項目6とは弱い相関しか持たないか，ほとんど相関を持ちません（$r=.19$〜.38）。また逆に，項目4から項目6もそれぞれが強い相関を示している（$r=.56$〜.66）一方で，項目1から項目3とはほとんど相関を持っていません。このことから，項目1から項目3，ならびに項目4から項目6の背後に何らかの共通因子が存在しそうなこと，言いかえれば，これらの項目群がそれぞれ別の因子を構成しそうなことが予想できます。

(2) 因子の推定（抽出）を行う

次に，観測変数の相関係数行列をもとに，因子の推定（因子の抽出）を

行います。因子の推定とは，最もデータをうまく説明するように観測変数のグループ化を行うことです。グループ化する際に行われる計算方法には，主因子法，最小二乗法，最尤法など，さまざまな方法があります。近年は，最尤法と呼ばれる計算方法が主流になりつつありますが（柳井，2000），どの方法にも長所・短所があることも事実です。したがって，先行研究で用いられている方法を鵜呑みにするのではなく，自らの研究目的などに照らし合わせて計算方法を選択する態度が望ましいと言えるでしょう。

（3）因子軸の回転を行う

　因子の推定結果をそのまま参考とし，観測変数と因子との関係を見いだすことも可能ですが，得られた結果は多くの場合複雑です。したがって，データをもっとうまく解釈できるようにする必要があります。そのために行われる作業が因子軸の回転です。因子軸の回転とは，方向性の似たいくつかの観測変数群をうまく説明できるようにグルーピングして，因子の内容をわかりやすくするための作業です。

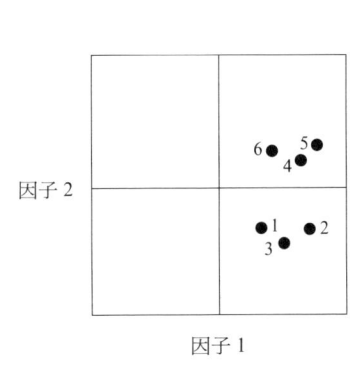

図 10-2　因子軸回転前のプロット 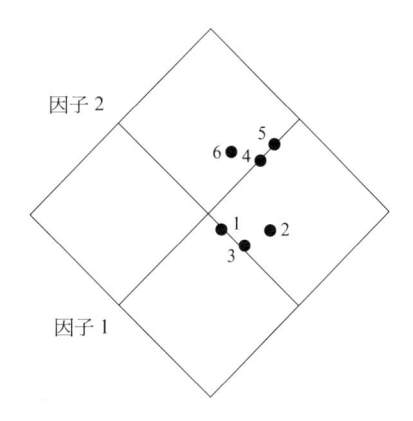　　　図 10-3　軸を回転させた後のプロット

　図 10-2，10-3 は，因子軸の回転の概念を図示したものです。図 10-2 には因子軸を回転する前，図 10-3 には回転した後の結果が示されています。

図からもわかるように，因子軸を回転することで，それぞれの項目はどちらかの因子により近くなり（高い負荷を示すようになり），因子の解釈をより容易にすることが可能になります。

ところで，因子軸の回転方法には，大きく2種類あります。ひとつは直交回転と呼ばれるもので，代表的な方法としてはバリマックス回転が挙げられます。直交回転では，「因子が互いに独立である（相関がない）」という強い仮定のもとで回転が行われます。もうひとつは斜交回転と呼ばれるもので，プロマックス回転が代表的な方法です。直交回転と異なり，斜交回転は因子間の相関があると仮定した回転方法です。

英語教育の研究に限らず，これまでの因子分析を用いた研究では直交回転（すなわち，因子間の相関はないと仮定した回転）がよく用いられてきました。しかし，一般的に因子分析を行う場合，因子間相関がまったくないと仮定するのは，現実的ではありません。したがって，柳井（2000）などが指摘しているように，特別な事情がない限り，因子軸の回転には斜交回転を利用すべきです。

なお，統計ソフトを使った場合，斜交回転では因子パターン行列（後述）と因子構造行列と呼ばれるものが，出力されます。ここではその詳細について説明することはしませんが，斜交回転での因子解釈にあたっては回転後の因子パターン行列をもとに解釈を行います。また，直交回転で因子軸の回転を実行した場合には，回転後の因子負荷行列が出力されるので，これをもとに因子の解釈を行います。

（4）得られた因子を解釈する

以上のような手順で因子が抽出されたら，得られた因子の解釈を行い，因子に名前をつけます。これには客観的な基準はなく，分析者が主観的に因子を命名することになります。この段階は，分析者の持つ専門領域への造詣と，調査対象者に対する分析者の十分な理解が問われる場面であり，ここに因子分析の醍醐味があると言えるかもしれません。

表10-2は，この例で用いた6項目を，最尤法・プロマックス回転を用いて因子分析を行って求めた2因子解の因子パターンです。下線を付した

表10-2 探索的因子分析結果（因子パターン）

質問項目	第1因子	第2因子
5. 将来いい仕事先がある	.82	.01
4. 経済的によい生活ができる	.81	−.02
6. よい学校に進学できる	.70	.01
1. 新しいことを知りたい	−.07	.76
2. 知識を身につけたい	.09	.74
3. わかること自体おもしろい	−.00	.71

因子パターンが，比較的高い値を示しています。第1因子を反映しているのは項目4・5・6，第2因子は1・2・3と考えることができ，たとえば項目の内容から第1因子を「報酬志向」，第2因子を「充実志向」と解釈することになります。

4. 因子の数を選択する

先に「因子の推定」とありましたが，因子数を決めるための特定の基準が存在するのでしょうか。

因子数の選択にはいくつかの方法があります。たとえば，固有値と呼ばれる数値が1より大きい因子の数としたり，第1因子以降の固有値の開きが大きいところで打ち切るスクリー基準というものを採用したり，指定した因子数による分析モデルとデータの適合度（当てはまりのよさ）を示す適合度指標と呼ばれるものを基準とする方法などが挙げられます（市川，1999）。ただし，これらの基準はどれも絶対的なものではなく，最終的にはしっかりとした理論的背景に基づいた解釈が，因子数決定の決め手となります。

5. 探索的因子分析と検証的（確認的）因子分析

最近，「検証的因子分析」という言葉をよく耳にします。これは一般的な因子分析とは異なるものなのでしょうか。

因子分析には，大きく分けて「探索的因子分析」と「検証的（確認的）

因子分析」があります。この種別で言うと，ここまで扱ってきた因子分析は，探索的因子分析と呼ばれるものです。

探索的因子分析では，「このような因子が抽出される」という仮定をおかずに，分析の対象となる変数全ての相関係数を求め，それらをもとに得られたいくつかの計算結果によって因子数を決定し，因子を抽出するという手続きを踏みます。したがって，結果として必ずいくつかの因子が抽出されます。また，分析の対象となる変数全てを用いることから，抽出された因子は全ての変数に影響を与えるというモデルになっています。さらに，計算結果から因子を抽出するので，因子分析の結果に各項目の意味が反映されるのではなく，抽出された結果の因子の解釈を後付けで行います。

一方，検証的因子分析では，あらかじめ，因子と因子からの影響を受ける観測変数（項目）は何かを仮定し，そのモデルがデータとの当てはまりがよいかどうかを検討するという手順で行います。具体的には，仮定したモデルとデータとの当てはまりのよさを示す「適合度指標」を求めて検討します（第14章第3節）。現時点で，適合度指標は，さまざまな指標（たとえば，GFI, AGFI, CFI, RMSEA, AIC など）が提案されていますが，すべての場面において決定的な指標はありません（狩野・三浦，2002）。分析の結果を解釈する際には，モデルやデータに適したいくつかの指標を総合的に参考とする必要があります。

検証的因子分析の使い道としては，以下の2つが考えられます。ひとつは，観測変数と想定される因子との影響関係に，事前に明確な仮説がある際に用いることができます。たとえば，英語学習の動機づけの尺度を構成する際に，あらかじめ項目の候補を用意し，それらを英語教育や動機づけ研究の専門家が協議して分類を行い，その分類どおりの因子構造を仮定してもよいかどうかを検討する場合です。

もう一方は，探索的因子分析の結果とデータとの当てはまりが良いかどうかを検討する際に用いることができます。例えば，本章で扱った例では，6つの項目に対して探索的因子分析を行った結果，「報酬志向」と

「充実志向」の2因子が抽出され，それらの観測変数が，それぞれ3項目あることが示唆されました。しかし，表10-2の通り，分析の対象となった項目が2つの因子の影響を受けるというモデルになっています。そこで，「報酬志向」の影響を強く受けている3項目は「充実志向」の影響は受けない，また「充実志向」の影響を強く受けている3項目は「報酬志向」の影響は受けないと仮定したモデルを構成し，「報酬志向」と「充実志向」を代表する観測変数はそれぞれ3項目であると仮定してもよいかどうかを検討する場合です。

6. 因子分析と主成分分析

因子分析と似た手法に「主成分分析」があるそうですが，両者の違いがわかるように説明してください。

因子分析と主成分分析はよく似た手法だと言われますが，その基本的な考え方はまったく異なります。因子分析では観測変数に影響を与える潜在変数（因子）を想定し，「潜在変数→観測変数」への影響関係を探るのに対して，主成分分析では観測変数間における共通な成分を見つけ出し，それらを合成して新たな合成変数（主成分）を作成します。したがって，主成分分析では「観測変数→合成変数」への影響関係を探ることになります。

図10-4は，このような違いを比較したものです。図からも明らかなように，因子分析ではそれぞれの観測変数から，それらをうまく分類・説明するような因子（この場合，「充実志向」と「報酬志向」）を推定します。

一方，主成分分析では各観測変数が持つ共通の情報を1つ，あるいはできるだけ少ない変数（この場合，「（一般的な）英語の学習動機」）へと集約して主成分を推定することを目的とします。

両者はいずれも，観測変数間の相関係数行列をもとに計算を行い，また，多用される統計ソフトにおける因子抽出法の初期設定も，主成分分析となっています。これらのことが，両者の誤用，あるいは混同を引き起こ

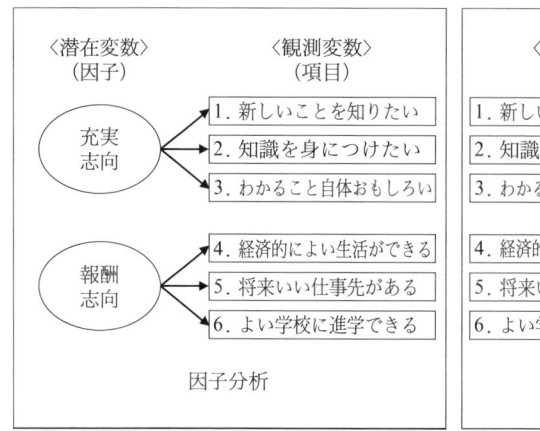

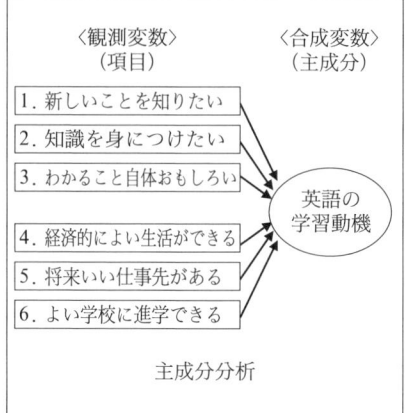

図10-4　因子分析と主成分分析の比較図

す要因になっているものと思われます。

本章のまとめ

1. 因子分析とは，複数の変数間の関係を要約する統計的手法である。
2. 因子分析を行うには，ある程度の標本数を確保すること，扱う変数はできるだけ間隔尺度以上とすることなど，いくつかの前提を満たす必要がある。
3. 因子分析は，変数間の相関を計算する，因子の推定（抽出）を行う，因子軸の回転を行う，得られた因子を解釈する，といった，一連の手順に沿って分析を進める。
4. 因子数は，いくつかの基準と理論的な背景の双方を踏まえた上で，決定されるべきものである。
5. 従来，因子分析と呼ばれているのは，因子（数）を探索的に推定

する「探索的因子分析」のことである．因子構造が適切かどうか
を判断するためには，「検証的（確認的）因子分析」を行う．
6. 因子分析と主成分分析は，似て非なる分析手法である．

〈引用文献〉
市川伸一（1998）『認知カウンセリングから見た学習方法の相談と指導』ブレーン出版．
市川雅教（1999）「Question 67 因子の数」繁桝算男・柳井晴夫・森敏昭 編（1999）『Q & A で知る統計データ解析 DOs and DON'Ts』サイエンス社，pp. 133-135．
狩野裕・三浦麻子（2002）『AMOS, EQS, CALIS によるグラフィカル多変量解析―目で見る共分散構造分析 増補版』現代数学社．
松尾太加志・中村知靖（2002）『誰も教えてくれなかった因子分析―数式が絶対に出てこない因子分析入門』北大路書房．
柳井晴夫（2000）「因子分析法の利用をめぐる問題点を中心にして」『教育心理学年報』39, 96-108．

第11章

カテゴリー別の生徒の割合の分析
―― χ 二乗検定 ――

1. クロス集計と χ 二乗検定

　A組とB組で，授業中に同じように指導をしたのですが，1学期の期末テストの得点を比べると明らかに差がありました。B組では担任の先生がホームルームで復習重視の指導をしているらしいので，2つのクラスで予習・復習の重視の仕方に差があるのではないかと思います。そこで，アンケートをして，「予習を重視する」「復習を重視する」「どちらもしない」のどれかを選んでもらいました。その結果はどのように集計し，分析したらよいでしょうか。

　このような場合は，クロス集計表を用いるとわかりやすく整理できます（第7章第3節）。この例では1つの変数がクラス（A組・B組）で，もう1つの変数が質問への回答（「予習重視」「復習重視」「しない」）といった，カテゴリーに現れた頻度です。「クロス集計表」とは，それぞれの変数を縦と横にとって，それらのクロスするマス目（セル）の頻度（観測度数）を，表11-1のように集計したものです。

表11-1　クラスと勉強の仕方のクロス集計表

	予習重視	復習重視	しない
A組	21	10	9
B組	11	25	3

そして，クロス集計を行った後，この A 組と B 組のように別々の人からの回答数データ，つまり対応のない 2 群の比率に関するデータについて，クラスと回答は関連がない（独立）かどうかを検定します。つまり，この例の場合には，クラスによって 3 つの選択肢の比率が異なるかどうかを確かめます。これを「独立性の検定」と呼びますが，計算の結果に「χ二乗分布」に従う「χ二乗統計量」と呼ばれるものを使うため，一般的には「χ(カイ)二乗検定」と言われます。

　さて，この場合の検定結果は，一般的な有意水準の 5 ％を基準にすると有意であり，関連がある（独立ではない）と判断します。クラスと勉強の仕方の割合に関連があるために，カテゴリー別の生徒の割合に差が出てきているのだということです。

2．χ二乗検定の方法

　χ二乗検定を行うには，やはり統計の専門のソフトが必要なのでしょうか。計算は難しいですか。

　面倒であることを除いては，数学的にはとても単純な計算です。まず，表 11-2 のように，行方向には A 組の計（40），B 組の計（39），列方向には「予習重視」の計（32），「復習重視」の計（35），「しない」の計（12）というように，各行・各列などの合計を算出します。これらの合計を，周辺度数と呼びます。一番右下には，全体の人数（79）を入れます。

表 11-2　各列・各行の合計を算出したクロス集計表

	予習重視	復習重視	しない	計
A 組	21	10	9	40
B 組	11	25	3	39
計	32	35	12	79

　そして，クロス集計表における各セルの値や，算出した合計を用いて，χ二乗統計量を算出します。これは，次のような計算になります。

$$\chi^2 = \frac{(79 \times 21 - 32 \times 40)^2}{79 \times 32 \times 40} + \frac{(79 \times 10 - 35 \times 40)^2}{79 \times 35 \times 40} + \frac{(79 \times 9 - 12 \times 40)^2}{79 \times 12 \times 40}$$
$$+ \frac{(79 \times 11 - 32 \times 39)^2}{79 \times 32 \times 39} + \frac{(79 \times 25 - 35 \times 39)^2}{79 \times 35 \times 39} + \frac{(79 \times 3 - 12 \times 39)^2}{79 \times 12 \times 39}$$
$$= 12.54$$

加減乗除がたくさん出て複雑に見えますが,その内容は,高度に数学的な計算というわけでもありません。そして,この場合の自由度(df)は2になるので(以下で説明します),χ 二乗統計量が12.54の場合には,有意水準を5%として判断するとp値は.05より小さい値を示し,有意でクラスと回答には関連があるという結論に至ります。

では,計算過程を確認しましょう。この公式について,記号を用いて表現してみます。表11-3では,2変数のカテゴリーを記号で示しています。

表11-3 カテゴリーとセルを記号で示したクロス集計表

	X	Y	Z	計
A	AX	AY	AZ	A計
B	BX	BY	BZ	B計
計	X計	Y計	Z計	総計

これらの記号を使うと,χ 二乗統計量を算出する公式は,次の式(11.1)のように表現できます。

$$\chi^2 = \frac{(総計 \times AX - X計 \times A計)^2}{総計 \times X計 \times A計} + \frac{(総計 \times AY - Y計 \times A計)^2}{総計 \times Y計 \times A計}$$
$$+ \frac{(総計 \times AZ - Z計 \times A計)^2}{総計 \times Z計 \times A計} + \frac{(総計 \times BX - X計 \times B計)^2}{総計 \times X計 \times B計}$$
$$+ \frac{(総計 \times BY - Y計 \times B計)^2}{総計 \times Y計 \times B計} + \frac{(総計 \times BZ - Z計 \times B計)^2}{総計 \times Z計 \times B計} \quad (11.1)$$

そして,この検定における自由度(df)は,次の式(11.2)を用いて算出します。したがって,表11-2の例では2カテゴリーの変数と3カテゴリーの変数だったため,自由度が2となるのです。

$$df = (変数1のカテゴリー数-1) \times (変数2のカテゴリー数-1) \quad (11.2)$$

他の検定と同じように，χ 二乗統計量と自由度がわかれば，清川(1990) などに掲載されている χ 二乗分布表を用いて有意かどうかの判断をすることができます。表計算ソフトによっては χ 二乗統計量と自由度を関数に入力すれば，p 値を算出してくれるものもあります。

また，上の式は，2 変数それぞれのカテゴリーの数が増えても，表 11-3 を拡張して考えれば算出可能です。ただし，2 変数が 2 カテゴリーずつしか持たない場合には，χ 二乗統計量の算出に「イェーツの補正」を用いる方が「より正確な確率値が得られますので，補正をする方が適切(小笠原，1999)」とされています。表 11-4 を用いて説明します。

表 11-4　カテゴリーとセルを記号で示したクロス集計表 (2×2)

	X	Y	計
A	AX	AY	A 計
B	BX	BY	B 計
計	X 計	Y 計	総計

この場合の，イェーツの補正を用いた χ 二乗統計量は，次の式 (11.3) を用いて計算します。なお，自由度は式 (11.2) と同じ方法で求めます。

$$\chi^2 = \frac{(|AX \times BY - AY \times BX| - \frac{総計}{2})^2 \times 総計}{A 計 \times B 計 \times X 計 \times Y 計} \quad (11.3)$$

3. 残差分析

この検定をした結果，独立ではない，という結論に達しました。ということは，A 組と B 組で，A 組の方が「予習重視」または「しない」の割合が高く，B 組の方が「復習重視」の割合が高いと，統計的に明らかになったといえるのでしょうか。

検定結果が有意であり，2 変数に関連があって差が生じていると判断し

たとしても，この結果だけでは，どのセルに差があったのかなかったのかを検討することはできません。この場合，方法は2通りあります。まずは，2変数に関連があると判断した上で，後は実際に現れた人数について実質的にどれくらいの意味を持つ差であるのか考察する方法です。

　もう1つは，調整済み標準化残差を用いて残差分析（内田，1997）を行う方法です。これは，各セルにおいて全標本を込みにして考えた場合に期待される度数（期待度数）と実際の度数（観測度数）との差（残差）の大きさを検討する方法で，有意と判断できる程度に残差があれば，そのセルの人数が有意に多い（少ない）と判断するものです。この場合にも，有意確率（差がないと言える確率）はともかくとして，現れた差が実際にどの程度の意味があるのか，十分に検討しなくてはなりません。また，この方法はセルの数だけ検定を繰り返すというとらえ方もできるため，検定の多重性という問題(第5章第1節)も残ります。なお，統計ソフトを使わずに調整済み標準化残差を計算する方法は複雑ですから，本書では扱いません。

4．差がどこにあるか見つける：多重比較

　　実はC組にも同じアンケートをしています。3つのクラスの間で差
　　があるかどうか，どのように比較すればよいでしょうか。

　分散分析の場合（第5章第3節）やノンパラメトリック検定の場合（第6章第4節）と同様に，χ二乗検定についても，どの群とどの群の間に有意差があるか否かは，全体を検定しただけではわかりません。したがって，多重比較が必要です。

　χ二乗検定の場合には，ボンフェローニの方法などのペアごとの有意水準を調整する方法（第5章第5節）を用いて，各ペアの有意性を検討するとよいでしょう。ボンフェローニの方法では，A組・B組，B組・C組，A組・C組，という3ペアがあり，検定全体の有意水準を5％とするなら，ペアごとの検定における有意水準を0.05/3（＝0.0166…）として考えた上で，それぞれのペアにおいて検定をするわけです。

5. フィッシャーの正確確率検定

> 本によると，χ 二乗検定には制限があって，あるセルに入るべき回答数がとても少なかったりすると良くないとありました。どのようなことに気を付けて，どうやって対処すればよいでしょうか。

　本章で扱ってきたクロス集計表に関する検定に用いられた χ 二乗検定で算出できる p 値は実は正確な値ではなく，近似値です。一般的にはこれでも構わないとされる場合も多いのですが，正確な p 値を算出するために，フィッシャーの正確確率検定を用います。

　χ 二乗検定を行うとき特に「周辺度数に 10 以下の小さな値があり，各セルの度数の中に 0 に近い値がある」（岡，1990）場合に，フィッシャーの正確確率検定を用いるという基準もあります。しかし，周辺度数が 11 の場合はどうなのか，または 0 に近いといってもどのくらい近ければフィッシャーの正確確率検定なのか，判断に困る場合もあります。また，期待度数を考慮するという基準もありますが，これも同様に，どの程度の場合にフィッシャーの正確確率検定を用いるか難しい場面もあります。

　ところで，正確な p 値を求めることができるなら，すべての場合に正確確率検定を用いれば済むかもしれませんが，手計算では無理に近く，代表的な統計ソフトでもオプションが必要な場合もあります。正確確率検定を行うことができる環境がないのであれば，クロス集計表の中に 0 があるなどやむをえないとき以外には，χ 二乗検定で十分と考えてよいでしょう。

　ちなみに，表 11-2 のクロス集計表には，3 という度数（「B 組」で「しない」）がありますが，χ 二乗検定による p 値は .00189…，フィッシャーの正確確率検定による p 値は .00169… であり，この場合，両者の値にはほとんど差がないことがわかります。

6. 順序カテゴリカルデータの扱い

同じく，A組とB組に行ったアンケートで，「予習は役に立つと思いますか」という質問に「5. 全くそう思う」「4. ややそう思う」「3. どちらでもない」「2. あまりそう思わない」「1. 全くそう思わない」までの5段階で回答してもらいました。この回答も，5つのカテゴリーとして考えることができると思いますが，χ二乗検定を使ってよいものでしょうか。

χ二乗検定は名義尺度に対して用いる手法です。第2章で尺度の性質について触れましたが，この例のような「予習が役に立つと思う程度の5段階」は5つのカテゴリーに分かれるとはいえ，1より2が大きいというような関係になっていますので，順序尺度として扱う必要があります。順序尺度を名義尺度として扱うと，せっかくの順序情報が失われてしまいますので，あえてそうしたい場合を除いては，適切とは言えません。

この質問のような，順序情報があってカテゴリーに分かれるデータのことを，特に順序カテゴリカルデータと呼ぶことがあります。この場合には，第6章で紹介した，マン・ホイットニーのU検定などを用いる方が適切です。

本章のまとめ

1. χ二乗検定によって，対応がない複数の群におけるカテゴリーの比率の差を検定することができる。
2. χ二乗検定において，クロス集計をして周辺度数を算出した後のχ二乗統計量の計算は比較的単純であり，自由度とあわせて検定結果を判断する。
3. χ二乗検定の結果が有意であった場合に，どのカテゴリーにつ

いて差があったかないかを議論するには，調整済み標準化残差を用いて残差分析を行う方法と行わない方法があるが，現れた差がどの程度まで実質科学的な意味を持つものなのか，十分に考察する必要がある。

4. χ 二乗検定を用いて3つ以上の集団の間における比率の差を検定し，結果が有意であった場合には，各ペアに比率の差が有意であるかどうか多重比較することができる。この場合には，ボンフェローニの方法などを用いることができる。

5. χ 二乗検定は近似的な有意確率を求める方法である。特に周辺度数やセルの値に極端に小さい値がある場合には，正確確率検定を用いる方がよい。しかし，正確確率検定は計算量が膨大であるため，一般的には χ 二乗検定で十分であるとされている。

6. χ 二乗検定は，順序カテゴリカルデータについて行ってはならない。データがせっかく持っている，カテゴリー間の順序情報を失ってしまうことになるからである。

〈引用文献〉

内田治（1997）『すぐわかる SPSS によるアンケートの調査・集計・解析』東京図書．

岡直樹（1990）「第4章 質的データの検定法」森敏昭・吉田寿夫 編『心理学のためのデータ解析テクニカルブック』北大路書房，pp.176-216．

小笠原春彦（1999）「Question 24 イェーツの補正」繁桝算男・柳井晴夫・森敏昭 編『Q & A で知る統計データ解析 DOs and DON'Ts』サイエンス社，pp.46-47．

清川英男（1990）『英語教育研究入門―データに基づく研究の進め方』大修館書店．

第 12 章

生徒のプロファイリング
——クラスター分析——

1. 個人差を探る

　文法指導をしていますが，生徒は文法を大切と思っているのかどうか知るために調査を行いました。時折，生徒が「文法は読むのには役立つけれど話すのには役に立たない」とか，「書くのには役立つけれど他には役に立たない」と言っているのを聞いていましたので，聞く，話す，読む，書くの四技能それぞれに対して文法は役に立つかどうか，7段階で答えてもらいました。回答パターンの違いを見たいのですが，一人ひとりを見ていっても人数が多くてわからないし，かといって平均値でまとめてしまっては，回答パターンが見えません。どうしたらよいでしょうか。

　平均値はグループの真ん中を示すものですから，個人個人がどのように答えたのかはわかりません。上の質問では，各個人が聞く，話す，読む，書くという4つに対して答えているわけですから，1人に対して4つの数値が割り当てられていることになります。一人ひとりの回答パターンを知りたいということですから，たとえば，ある生徒は「読む」と「書く」では文法が有効と思っているが「聞く」と「話す」では有効でないと考えている，別の生徒はそれと違ってすべての技能で有効と考えている，といったように，パターンの違いがあると考えられるので，それを調べることがここでの目的になります。

図に表してみると，ある生徒が，「聞く」と「書く」では文法が有効と思っているが，「話す」と「読む」では有効でないと考えている場合は，図 12-1 のようなパターンになります。

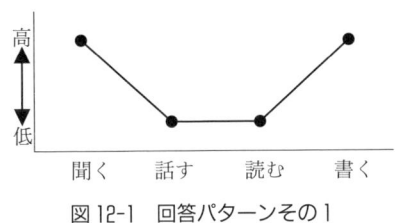

図 12-1　回答パターンその 1

　しかし全員がこのパターンと同じように答えているとは限りませんから，中にはすべての技能で有効と考えていて，図 12-2 のようなパターンの人もいるかもしれません。

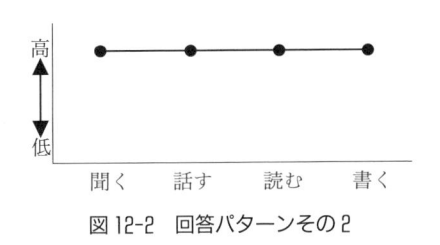

図 12-2　回答パターンその 2

　あるいは，図 12-3 のような人もいるかもしれません。

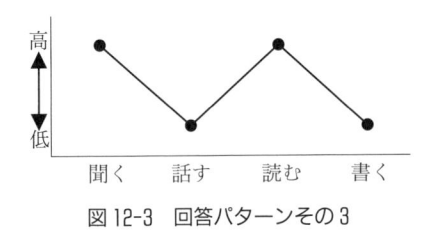

図 12-3　回答パターンその 3

　ある集団の中で，このように個々人の回答パターンが異なると考えられ

る場合，そのパターンを検討するには，人数が少なければ一人ひとりについて吟味すればよいのですが，人数が多くなるとそうもいきません。

そういうときに，クラスター分析が有効です。「クラスター分析」とは，ある集団の中で，パターンが似た人を集めて，似たもの同士のグループを作る手法です。

例として，上の質問と同じようなデータでクラスター分析をしてみましょう。詳細は後で説明するとして，生徒を回答パターンで分けた結果，図12-4のように，傾向の異なるグループが5つ見つかりました。

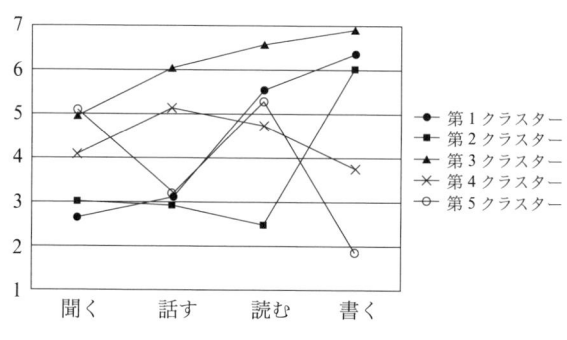

図12-4　クラスターごとの平均値のプロット

2．クラスター分析の流れ

グループを見つけるというのは，実際にはどのような手順で見つけるものなのですか。

クラスター分析にはさまざまな手法がありますが，ここでは集団の中の似たもの同士の集まりを探す手法として，階層的クラスター分析について説明します。「階層的クラスター分析」とは，分析の前にはどんな傾向のグループがあるかわからないので，分析をしてその傾向を探し出すことを目的としています。

階層的クラスター分析の中にもいろいろな種類がありますが，分析の手

順はすべてに共通しています。それは次の通りです。

①似ていない度合い（距離）を計算する

　個人間，またはクラスター間の似ていない度合いとして，距離を計算します。ユークリッド距離，平方ユークリッド距離，マハラノビス距離，マンハッタン距離，チェビシェフ距離など，その方法は複数あります。

②似ているものをくっつけてクラスターを作る

　①に基づいて，似ているもの同士をくっつけます。どれが一番似ているか計算する方法として，ウォード法，最近隣法，最遠隣法，重心法など，これも複数あります。

③クラスターの数をいくつにするか決める

　①，②を決めて分析を行うと，デンドログラムという，お互いの似ていない度合いを表したトーナメント表のような図が出力されます。これをもとに，クラスターの数をいくつにするか，分析者が決めなければなりません。絶対的な基準があるわけではなく，④のクラスターの傾向の解釈とあわせて，最もよいと思われる数を決めます。

④見つかったクラスターの傾向を解釈する

　③とあわせて行った方がよいのですが，見つかったクラスターがどのような特徴を持っているのか，解釈を行います。

3．計算方法はどれがよいか

　分析手順の中で，計算の方法がいろいろ出てきていますが，どれを選べばよいのでしょうか。

　あらゆる場合に絶対この方法を使わなければならない，という基準はありません。クラスター分析に関する文献を読むと，それぞれの方法がそれぞれに特徴を持っており，分析の目的に応じて適切な方法を選ぶべきである（Romesburg, 1989），と紹介されています。

　ここでは，生徒の個人差を浮き彫りにすることが目的ですから，それに

適した分析の方法を知りたいところです。このように，学習者の個性の特徴を明らかにすることを目的とした研究では，似ていない度合い（距離）には平方ユークリッド距離を用い，似ているものをつないでクラスターを作る方法にウォード法を用いる組み合わせが頻繁に使われています。それは，結果の解釈がしやすいと言われているからです。また，ウォード法を使う場合，似ていない度合い（距離）の計算には，平方ユークリッド距離を使います（池田，1989）。

4．クラスター分析の例

> デンドログラムという図を見て結果を解釈するということですが，実際にはどのように行うのですか。

では，実際に分析の例を見てみましょう。クラスター分析は，変数と対象者が多い場合は計算が煩雑なので，統計ソフトを使う必要があります。上で述べたように，クラスター分析を行うには，「似ていない度合いの計算方法」と「クラスターを作る方法」を決めなければなりませんが，統計ソフトを使って分析する場合，オプションが用意されていますから，それぞれ選びます。ここでは，似ていない度合いに「平方ユークリッド距離」を用い，クラスターを作る方法に「ウォード法」を使います。

　文法がどの程度役に立つと考えているかを探ることを目的に，70名に対して調査を行ったとします。質問は，「文法が役に立つ」ということにどの程度賛成するかまたは反対するか，7段階で答えてもらうものでした（1：強く反対する～4：どちらでもない～7：強く賛成する）。これを，聞く，話す，読む，書くの技能別に行いました。したがって，1人に対して4つの数値が割り当てられています。

　データを投入し，計算方法のオプションを選んだら，分析を実行します。クラスター分析の出力の中で大事なのは，デンドログラム（樹状図またはクラスターツリー）です。これは，クラスターの作成過程を，距離（つまり似ていない度合い）の違いにより図に表したものです。このデン

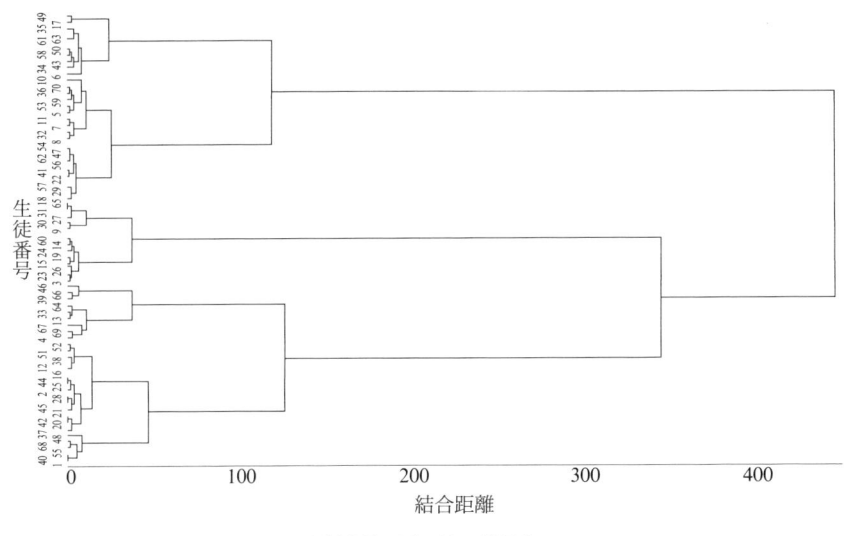

図12-5 デンドログラム

ドログラムを利用して，クラスターの数をいくつにするか決めます。今回の分析では，図12-5のような結果が出ました。

　このデンドログラムでは，図の左側（縦軸）に生徒が並んでいて，横軸に結合距離があります。「結合距離」とは，似ているものをつないでいったときに，つながれたもの同士の似ていない度合いを示すものです。この結合距離が近い，つまりツリーの下の方でつながっているグループはよく似ていると言え，逆にツリーの上の方でつながっているグループは，あまり似ていないと言えます。たとえば，縦軸の一番下に1番と40番という生徒が並んでいますが，この2人はとても近いところでつながっており，とても似ているようです。しかし，一番下の1番と一番上の49番のつながりは，ツリーの上の方，一番高いところでつながっていますから，この2人は似ていないと言えそうです。

5. クラスター数を決める

デンドログラムから，どのようにしてクラスターの数を決めればよいのですか。

今回の研究の目的は，回答パターンの似ているものを探して，どういう傾向があるのか，その個人差を見ることでした。したがって，クラスターの数を決めるときには，結果として得られるクラスターが同じ傾向を持つものの集まりであること，また，異なるクラスターの間では傾向が異なることを確かめる必要があります。上のデンドログラムを見ると，似ているものを漸次つないでいって，最終的には全員が1つのクラスターにまとまっています。これは，クラスターを作るどこかで，傾向の似ていないクラスターがつながっていることを意味します。傾向の似たものが集まるクラスターを探すためには，どの段階で傾向の似ていないクラスター同士がつながっているのか探せばよいということになります。それには，結合距離の変化を見ます。

傾向の違いは結合距離に現れます。距離の近いところでつながっているものは傾向が近く，距離が遠いところでつながっているものは傾向があまり似ていません。デンドログラムでは，最終的に全員が1つにまとめられますが，傾向の似ていないもの同士がつなげられる場合，結合距離が遠くなります。したがって，結合距離が大きく跳ね上がる，つまり，横の線が長くなるところを探すことが方策のひとつです。

図12-5のデンドログラムを見ると，左側の縦軸に近いところではかなり近い距離で結合が起きています。言葉を変えると，横の線がとても短くなっています。しかし，結合距離が100を超えているあたりで結びついているところは結合距離が長くなり，横の線が長くなっています。

その結合距離100のあたりで，縦にはさみを入れるように線を引いてみましょう。切り口，つまり縦線とぶつかる横の線が5つありますが，そこで線を切ると，それぞれの切り口の左側（ツリーの下のほう）に生徒がまとまっています。こうして，5つのクラスターができます（図12-6）。

ただし，これが絶対的な基準になるわけではありません。クラスターの数を決めるには，結果として出てくるクラスターの傾向が，果たして意味のあるものかどうか判断することも必要です。上の例の場合も，単に結合距離が跳ね上がるところで切っただけではなく，その結果として得られた5つのクラスターの傾向を吟味して，クラスターの数は5つが適当であると判断しました。

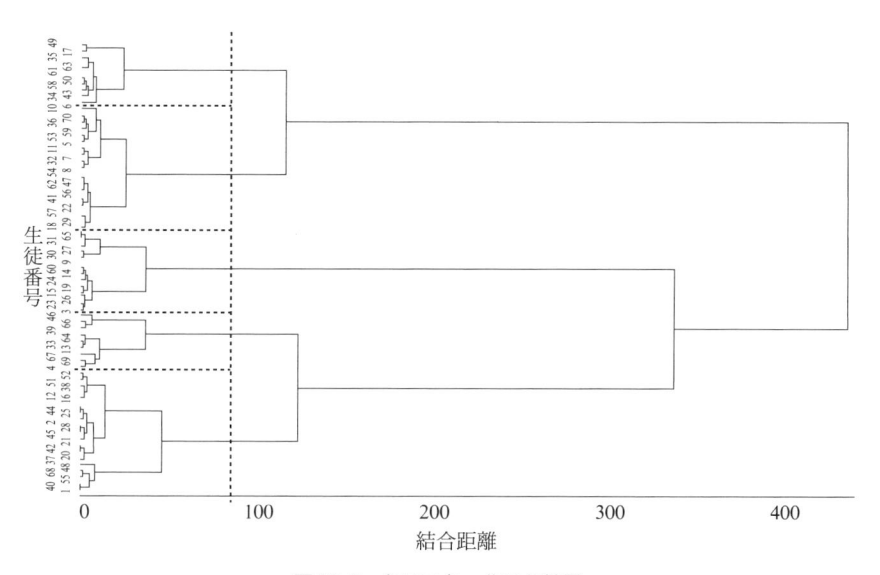

図12-6 クラスター分けの結果

6. クラスターの解釈

クラスター数の決め方はわかりましたが，各クラスターの傾向を解釈するには，どのようにすればよいのでしょうか。

傾向の似ているもののグループ分けができたら，一つひとつのグループ（クラスター）の特徴を見る必要があります。そのために，項目ごとの平均値をクラスター別に計算するとよいでしょう。

表12-1に，図12-6で得られたクラスター別に平均を計算したものをま

表12-1 クラスターごとの平均値

クラスター	人数	聞く	話す	読む	書く
第1クラスター	19	2.63	3.11	5.58	6.37
第2クラスター	9	3.00	2.89	2.44	6.00
第3クラスター	13	5.00	6.08	6.62	6.92
第4クラスター	19	4.11	5.16	4.74	3.74
第5クラスター	10	5.10	3.20	5.30	1.80

とめます。これをグラフに表すと，前に示した図12-4のようになり，傾向の違いがはっきり出ます。

　このとき，本当に傾向に差があるのかどうかを検討するために，分散分析をしてみるとよいでしょう。クラスター別の平均について分散分析（第5章）をすることで，平均値に有意な差があるかどうかを確認でき，クラスター分けがうまく行われたかどうかがわかります。また，他のクラスターとの比較において，個々のクラスターの傾向を探るのにも役に立ちます。ここでは分散分析の結果は割愛しますが，クラスター間に有意差が認められ，傾向に違いのあることが確かめられました。では，図12-4をクラスターごとに分けて，それぞれの特徴を見てみましょう。

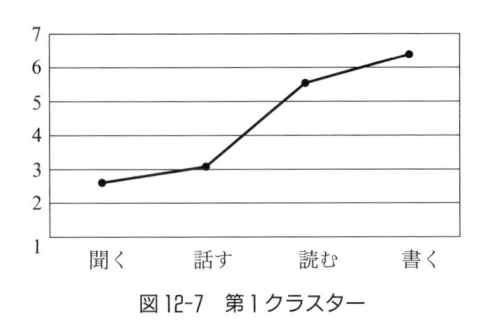

図12-7　第1クラスター

　第1クラスターの生徒を見ると，「読む」と「書く」の平均が高いので，このクラスターの生徒は「読む」と「書く」の2つの技能では文法が役に立つと考えているようです。しかし「話す」と「聞く」においては平均がおよそ3ですから，これらの技能では文法はあまり役に立つとは考えてい

ないと解釈できます。

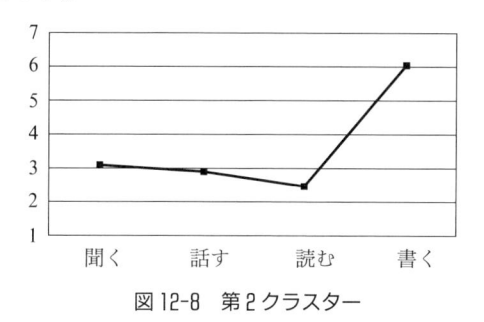

図 12-8　第 2 クラスター

　第 2 クラスターの生徒は，「聞く」，「話す」，「読む」の 3 つの技能において，文法の有用性を低く評価しています。しかし，「書く」においては平均が 6 ですから，この技能においてのみ文法が役に立つと考えているようです。

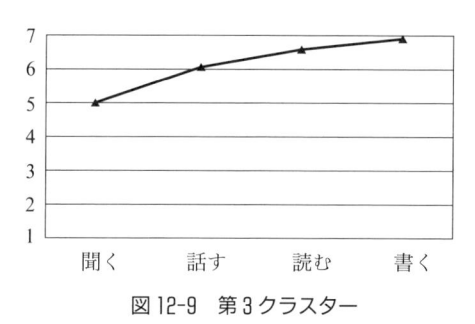

図 12-9　第 3 クラスター

　第 3 クラスターの生徒は全体的に文法の有効性を高く評価しています。「聞く」において平均が 5 で，やや高いという程度のレベルですが，他の 3 つの技能では 6 を越えていて，とても高い評価をしています。
　第 4 クラスターの生徒は，「話す」においてのみ平均が 5 を越えており，この技能においてはやや役に立つと考えていますが，全体的に評価が 4 から 5 あたりですから，すべての技能において有効性を特別に高くも低くも考えていません。
　最後に第 5 クラスターの生徒ですが，「聞く」と「読む」において平均

図 12-10　第 4 クラスター

図 12-11　第 5 クラスター

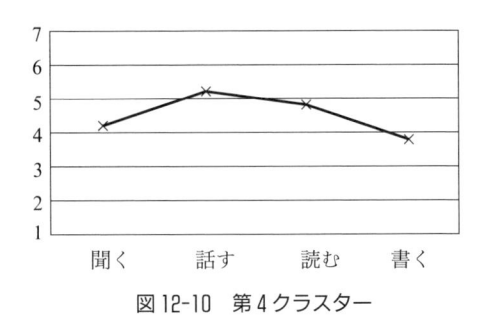

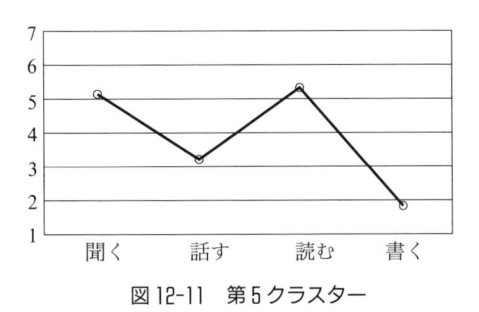

が 5 を越えており，文法がやや有効であると考えているようですが，逆に「話す」と「書く」においては評価が低くなっています。

7．クラスター分けの妥当性を確かめる

　計算方法の選択やクラスター数の決定に，恣意的な部分があるのですが，単にクラスターに分けて傾向を記述するだけでよいのでしょうか。

　クラスター分析には恣意的な部分が多いので，クラスターが見つかったというだけでは意義がありません。クラスターが見つかった後に，その分け方は妥当なものなのかどうか検討する必要があります。その妥当性を検討する方法として，内容的に妥当かどうか検討することと，統計的に妥当かどうか検討することの 2 つが挙げられます。

内容的に妥当かどうか検討することとは，見つかったクラスターの特徴が，研究の目的に照らし合わせて意味のあるものであるかどうか吟味することです。これには，分析者の専門的な知見が重要になります。時として研究の目的によっては，傾向に差があると指摘するだけでも意義のある場合もあるでしょう。あるいは，先行研究などから，どのような傾向が現れるかわかっているときは，それと自分の分析の結果を比較して，結果が有意義なものであるかどうかを吟味しましょう。

　統計的に妥当かどうかを検討することとは，クラスター分析の後に，さらに別の分析を行って，クラスター分けが妥当であるかどうかを，統計的に示すことです。いくつかの方法がありますが，クラスター分けに使った変数を用いて，クラスター間に有意差があるかどうかを分散分析を用いて検討することもひとつの方法です。この方法は統計的には意味がないと指摘する研究者もいますが（Aldenderfer & Blashfield, 1984），複数の項目を用いて傾向の解釈を行う上では役に立つ方法であると考えられます。

　また，クラスター分析に用いたもの以外の変数を用いて，クラスター間に差があるかどうか調べる方法もあります。これは，クラスター分けに使った変数とは別の，かつ関係があると思われる変数を用意しておいて，クラスター分けを行った後に，その準備しておいた変数を使って分散分析を行います。これは関連すると思われている変数ですから，クラスター間で有意差が見つかれば，クラスター分けがうまくいっていると言えます。その他にも，判別分析を用いる方法などがありますが，本書では割愛します。

本章のまとめ

1. 全体傾向ではなくて個人差を探りたいとき，クラスター分析は有効なツールになる。

2. クラスター分析の手順は，次の4段階である。
   ①似ていない度合い（距離）を計算する
   ②似ているものをつないでクラスターを作る
   ③クラスターの数を決める
   ④各クラスターの傾向を解釈する
3. 分析手順の①と②で計算方法を選ばなければならないが，個人差の研究では，結果の解釈がしやすいという理由から，「平方ユークリッド距離」と「ウォード法」がよく用いられる。
4. 分析手順の③においては，①と②の結果として得られるデンドログラムを参考にして決定する。
5. デンドログラムを検討する際には，結合距離の変化が大きなところを見つけるとともに，分けたクラスターの傾向の解釈をあわせて考慮し，クラスターの数を決める。
6. 分析手順の④では，クラスターごとに平均値を出すと各クラスターの傾向がわかりやすい。
7. クラスター分けが妥当かどうかを確かめるには，内容的に妥当かどうか検討する方法と，統計的に妥当かどうか検討する方法がある。

〈引用文献〉

Aldenderfer, M. S. & Blashfield, R. K. (1984). *Cluster analysis*. Newbury Park: Sage Publications.

Romesburg, H. C. (1989). *Cluster analysis for researchers*. Marabar: Robert E. Kreiser Publishing.

池田央（1989）「階層的クラスター分析」池田央 編『統計ガイドブック』新曜社，p.199．

第13章

個人差に応じた学習指導
—— 2元配置の分散分析 ——

1. 個に応じた指導

　個に応じたきめ細かな指導として、生徒の個人差に合わせた指導を行いたいと考えています。そこで、生徒のタイプ別に効果的な指導方法を検討するには、どうしたらよいでしょうか。

　個に応じた指導方法としては、習熟度別指導や課題選択学習など、さまざまなパターンが考えられます。その中でも、特に学習者の適性に合わせた指導を行うことを、適性処遇学習と言います。ここでは、個人差として「言語学習不安」を、学習方法として、(1)グループで会話練習をする学習方法と、(2)コンピュータの教材を使って会話練習をする方法とを取り上げて、教授法の効果を検討するという例を概観します。

　まず、40人の生徒を、「言語学習不安得点」(5点満点)の高い群と低い群に分けます。ここでは、中央値以上で高群、それ以外を低群としました。次に、それぞれの群の半数を、上の(1)のグループ学習群に、残りの半数を(2)のコンピュータ学習群に分けて同じ単元の授業を行い、授業後にその単元についての100点満点のテストを行います。すると、表13-1のようなデータが得られました。

　そして、表13-1のデータを、グループごとに分けて記述統計量を求めてみましょう。この例の場合、言語学習不安で高低の2群に分け、さらにグループ学習とコンピュータ学習の2つの学習法があるわけですから、表

13-2のようなクロス集計表を書くことができます。

表13-1　学習方法と言語学習不安とテスト得点のデータ

出席番号	言語学習不安	学習方法	テスト得点	出席番号	言語学習不安	学習方法	テスト得点
1	3	グループ	42	21	1	コンピュータ	46
2	2	グループ	65	22	3	コンピュータ	81
3	3	コンピュータ	66	23	5	グループ	45
4	2	コンピュータ	64	24	5	コンピュータ	75
5	1	グループ	84	25	3	グループ	72
6	1	コンピュータ	78	26	5	グループ	45
7	3	グループ	90	27	1	コンピュータ	66
8	2	コンピュータ	57	28	4	コンピュータ	85
9	4	グループ	52	29	5	グループ	65
10	2	グループ	78	30	4	コンピュータ	76
11	4	コンピュータ	52	31	3	グループ	71
12	4	グループ	61	32	1	グループ	75
13	3	コンピュータ	62	33	1	コンピュータ	74
14	3	コンピュータ	58	34	5	コンピュータ	71
15	4	グループ	52	35	1	グループ	60
16	3	コンピュータ	65	36	2	コンピュータ	86
17	1	グループ	66	37	4	グループ	81
18	3	コンピュータ	78	38	2	グループ	89
19	3	グループ	68	39	4	コンピュータ	40
20	3	グループ	70	40	2	コンピュータ	76

表13-2　学習方法と言語学習不安のクロス集計表

		学習方法			
		グループ		コンピュータ	
		平均	標準偏差	平均	標準偏差
言語学習不安	低群	76.70	8.55	65.70	10.73
	高群	59.00	14.70	67.30	13.60

　しかし，数値だけでは視覚的にデータを捉えることはできません。そこで，表13-2をもとにグラフを描いてみましょう。その結果が図13-1です。図13-1を見ると，グループ学習の場合は言語学習不安低群の方が成績が良く，またコンピュータ学習の場合は言語学習不安高群の方が成績が良いことがわかります。

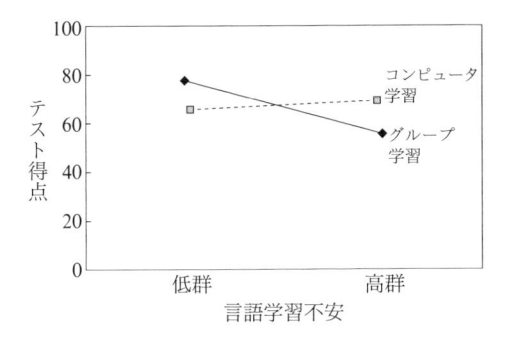

図13-1 言語学習不安と学習方法の交互作用

2. 2元配置の分散分析

　学習者の適性によって効果的な指導法が異なりそうだということですが，このような差が統計的に有意かどうかは，どのような方法で検討すればよいのでしょうか。

　ここまでの各章で，数値として見られる差が統計的に有意かどうかを判断するための方法が紹介されてきました。この例のように，各群の平均値だけで見ると，確かに差があるように見えますが，この場合も統計的に有意かどうかを検討する必要があります。

　このように，個人差と学習方法との違いで起きる効果（この例では成績の違い）を検討する際には，個人差と学習方法をそれぞれ「要因」と見なし，それらの要因の効果が有意であるかどうかという検討を行います。さらに，個人差によって効果的な学習方法が違うということを検討する場合には，2つの要因の「交互作用」も検討する必要があります。

　ここで，交互作用について簡単に説明を加えておきます。交互作用とはinteractionの訳語で，2つもしくはそれ以上の要因が，互いに働き合うということです。さらに言うと，個人差と学習方法が交互作用するということは，その結果としての成績は，個人差や学習方法が単一に成績に影響を及ぼすのではなく，それらの組み合わせが成績に影響を及ぼしているということになります。

このような例を検討する際には，2元配置の分散分析を用います。また，分析にあたっては，それぞれの要因の効果を主効果と呼び，要因同士の組み合わせの効果を交互作用と呼びます。そして，これら主効果と交互作用が統計的に有意であるかどうかを検討します。

表13-1のデータを，2元配置の分散分析によって分析すると，表13-3のような結果が得られます。SSは平方和，dfは自由度，MSは平均平方，FはF値，pはp値を表します。また，要因のうち，言語学習不安と学習方法は，それぞれの主効果を，言語学習不安×学習方法は，2つの要因の交互作用を表します。

表13-3 2元配置の分散分析表

要因	SS	df	MS	F	p
言語学習不安	648.03	1	648.03	4.40	.04
学習方法	18.23	1	18.23	0.12	.73
言語学習不安×学習方法	931.23	1	931.23	6.32	.02
誤差	5302.30	36	147.29		

3．結果の解釈

2元配置の分散分析をすればよいということでしたが，結果はどのように解釈すればよいのでしょうか。

表13-3の数値にはそれぞれ意味がありますが，結果の解釈に必要なのは，2つの要因と交互作用のp値です。表13-3の結果を見ると，「言語学習不安」のp値は.04で，「言語学習不安×学習方法」のp値は.02であることがわかります。ですから，「言語学習不安」の主効果と「言語学習不安×学習方法」の交互作用はいずれも5％水準で有意ということになります。

では，ここでもう一度，図13-1を見てみましょう。全体的に，「言語学習不安」が低い群の方の成績が高いことがわかります。しかし，グループ学習の場合は「言語学習不安」低群の方の成績が高く，またコンピュータ

学習の場合は「言語学習不安」高群の方の成績が高いことがわかります。したがって，成績に対しては言語学習不安の主効果も有意であるが，言語学習不安と学習方法の交互作用も有意であるという結果になります。

　この結果を解釈すると，言語学習不安の高低によって適切な学習方法は異なるということ，そして，言語学習不安が高い群にはコンピュータを用いた学習がよく，言語学習不安が低い群にはグループで会話練習をするのがよいと言えます。

　このように，学習者の特徴（適性）によって，効果的な教育方法や学習方法（処遇）が異なってくる現象を「適性処遇交互作用（Aptitude-Treatment Interaction: ATI）」と呼びます（市川，1995）。

4．適性処遇交互作用のパラダイム

> 適性処遇交互作用というのは，個に応じた指導方法を検討する上では魅力的です。しかし，生徒はモルモットではないのですから，このような実験をすること自体が無理ではないのですか。

　ここで扱った例のように，適性処遇交互作用のパラダイムを使うと，どういう個性の生徒に対してどのような教授方法が向いているのかを知ることができます。しかし，実際の教育現場において，安易に1組と2組で実験目的に違う教授法を用いるのは許されないと言ってもよいでしょう。また，適性をはじめとした個人差も慎重に扱われる必要があります。適性処遇交互作用は，主として教育心理学において検討されてきましたが（並木，1997；Cronbach & Snow, 1977），最近では英語教育の分野でもMcLaughlin (1980), Skehan (1989), Gardner (2001) をはじめとして，その重要性が認識されるようになっています。

　このパラダイムの主張するところは，学習者は個人差のさまざまな要因と，それに伴う複雑な交互作用の中に置かれているということです。並木（1997）は，適性処遇交互作用の研究の出発点は，すべての人にとって最も効果的な教え方は果たしてあり得るのだろうかという問いであり，この

パラダイムは，いわば「ものの見方」であると述べています。また，著名な認知心理学者であるSternbergは，1つの教室に存在する多様な個性に対応するためには，教授法を切り替える必要があることを，認知心理学の研究成果を基に指摘しています（Sternberg, 1996）。

　ですから，適性処遇交互作用の研究を行う際には，適性をはじめとした個人差の扱いを慎重にしながら，良いと考えられている教授法についてのみを比較するなどの教育的配慮が必要です。また，本章で扱った例のような研究を行うのであれば，グループ学習群に割り当てられた生徒に対しては，次の機会にコンピュータ学習をさせるなどの配慮が必要でしょう。

　また，このような研究のデザインを行う際に考慮しなければならないことは，要因を多くしないようにすることです。あまり要因が多すぎると，分散分析を行った結果すべての要因の交互作用が有意になってしまい，結局「何も言えない」ということにつながりかねません。ですから，適性処遇交互作用の研究を行う際には，予備調査をしっかり行い，意味のある変数を厳選し，しっかりとした仮説を立てることが必要になります。

　また，今後はここで例示した厳密な意味での適性処遇交互作用研究だけではなく，このパラダイムを1つの「ものの見方」とした研究の展開も図られる必要があるでしょう。

本章のまとめ

1. 個人差に合わせた指導方法の検討には，2元配置の分散分析が有用である。
2. 2元配置の分散分析では，それぞれの要因の効果と，要因の組み合わせによる交互作用を検討する。
3. 学習者の特徴によって効果的な教授方法が異なるという現象を，適性処遇交互作用という。

4. このような研究を行う際には，教育的配慮を怠ってはならない。

〈引用文献〉

Cronbach, L. J., & R. E. Snow. (1977). *Aptitudes and instructional methods: A handbook for research on interactions.* New York: Irvington.

Gardner, R. C. (2001). Integrative motivation and second language acquisition. In Z. Dörnyei & R. Schmidt (Eds.) *Motivation and second language acquisition* (pp. 1-19). Honolulu: University of Hawaii Press.

McLaughlin, B. (1980). Theory and research in second language learning: An emerging paradigm. *Language Learning,* 30, 331-350.

Skehan, P. (1989). *Individual differences in second language learning.* New York: Arnold.

Sternberg, R. J. (1996). Matching abilities, instruction, and assessment: Rewaking the sleeping giant of ATI. In I. Denis & P. Tapesfield (Eds.) *Human abilities: Their nature and measurement* (pp. 167-181). Mahwah: Lawrence Erlbaum Associates.

市川伸一（1995）『学習と教育の心理学』岩波書店.

並木博（1997）『個性と教育環境の交互作用：教育心理学の課題』培風館.

第14章

観測変数の背後に潜在変数を仮定した分析
―― 構造方程式モデリング ――

1. 構成概念の数値化

　英語学習に対する動機づけと英語力を測定し、それらの関係を分析しようと思います。内発的動機づけとして4つ（「内発1」から「内発4」）、外発的動機づけとして4つ（「外発1」から「外発4」）の質問を使い、「1 全くそう思わない」から「5 非常にそう思う」の5段階で回答してもらって、1から5点で点数化しました。内発的動機づけと外発的動機づけの得点として各4問を合計すればよいのでしょうか。

　ある構成概念（この場合は「内発的動機づけ」や「外発的動機づけ」）を測定したいとき、いくつかの変数を指標（構成概念を測定するための項目）として用いることが多くあります。妥当性の高い項目を用意するだけでなく、複数の項目を用意して測定の信頼性を高めようとするからです（第1章第4節）。図14-1には、この例で使われた2つの構成概念と、それぞれの指標となった質問項目をグループのように囲って示しています。
　その際に、ある構成概念を測ると仮定したそれらの項目を合計したり、その合計を項目数で割って平均を出したりして、それを構成概念の値とすることがあります。このような合計値を尺度値と呼びますが、計算が簡単である一方、よほど慎重に作成された尺度でない限り、問題があります。
　なぜなら、単に合計することによって、ある構成概念に対する各項目の

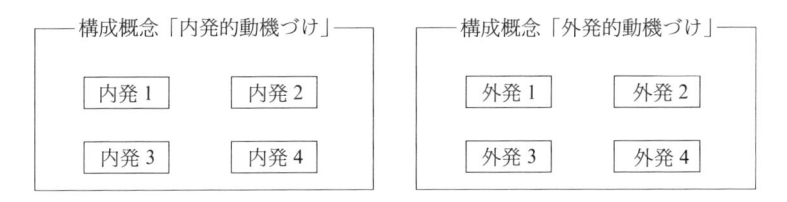

図14-1　構成概念と指標のイメージ図

重みを等しく扱っているからです。図14-2では，内発的動機づけを例にとって，単純に合計する場合をモデルで示しています。このように，4つの指標それぞれが等しく（例として「1.00」）影響を受けた形で「内発的動機づけ」という構成概念を測定しているということになりますが，実際にそうなっているという保証はありません。さらに，第1章で測定誤差について説明しましたが，測定値は真値と誤差で成り立っているので，単純な合計には，誤差が含まれてしまうのです。

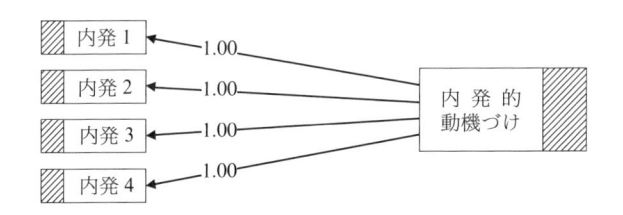

図14-2　尺度値における構成概念と指標の関係（斜線部は誤差）

　また，第10章で触れた探索的因子分析を行うと同時に，因子得点を算出して，その因子の値とすることもあります。しかし，因子得点は分析に使われたすべての観測変数を用いて算出されたものですから，その意味を定義しにくいという問題もあります（服部，1999）。

2. 潜在変数を仮定する

　　尺度値や因子得点を使うことに問題があるのなら，どのように構成概
　念を分析すればよいのでしょうか。

　この例のように直接観測できない構成概念を分析するには，潜在変数という考え方を使い，その指標となる観測変数を指定します（第10章第1節）。加えて，測定の誤差も変数として扱うことができるのが構造方程式モデリング（共分散構造分析）と呼ばれる方法です。第10章第5節で触れた検証的（確認的）因子分析も，この方法で行います。

　つまり，この場合では「内発的動機づけ」や「外発的動機づけ」を潜在変数として，具体的な質問項目を観測変数とします。そして，潜在変数の影響を受け，測定誤差の影響も受け，その結果として現れた（測定された）ものが観測変数であると考えます。図14-3では，「内発的動機づけ」について，それらの関係の分析結果を構造方程式モデルで示しています（厳密には測定方程式と構造方程式の区別などがありますが，本書ではすべて構造方程式と呼びます）。

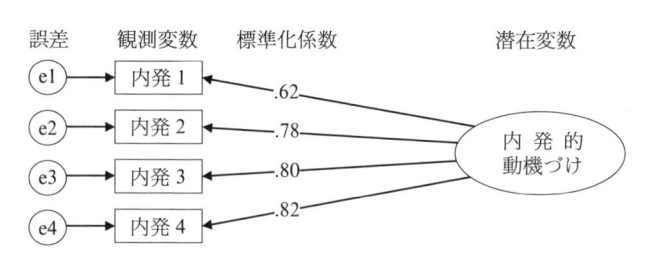

図14-3　構造方程式モデルにおける変数間の関係

　こうすると，尺度値と違い，各観測変数に対する測定の重みが推定されており，それらは必ずしも等しくないということがわかります。本章では相関係数と同種の標準化係数を用いますので，その値は－1から＋1をとります。

また，図 14-2 とは異なり，長方形だけでなく楕円や正円が使われています。一般に，観測変数は長方形，潜在変数は楕円または正円で記して区別します。図 14-3 では，観測変数は楕円の潜在変数と，正円の潜在変数から影響を受けた結果として表されています。正円の潜在変数は各観測変数に独自のもので，測定の誤差を示します。つまり，尺度値を用いた図 14-2 では観測変数に誤差も含まれていたのに対して，構造方程式モデリングでは測定誤差を分離させて考えることができるのです。

尺度値では無視せざるを得なかった潜在変数から各観測変数への重みや測定誤差が，これによって解決できます。また，因子得点はすべての観測変数を込みにしてしか考えることができないという問題も，特定の観測変数のみを指定することによって解消されます。

3. モデルとデータの適合

図 14-3 のように仮定したら，その仮定を信用して解釈をしていけばよいのでしょうか。

分析に尺度値や因子得点を用いることに比べた大きな利点のひとつは，構造方程式モデリングではモデルとデータの適合度，つまり仮定したモデルがデータをどのくらいうまく説明しているかを検討することができるということです。そのための手段としては，χ 二乗検定を用いて有意であればモデルとデータは乖離していると判断する方法や，各種の適合度指標を吟味する方法があります。

ただし，多種ある適合度指標（第 10 章第 5 節）からどれに基づいて判断するかという問題については，モデルの性質やサンプル数などによっても異なります。たとえば，サンプル数が多いときには χ 二乗検定結果は有意になりやすいので無視してもよいことや，モデルが複雑なときには GFI は無視して RMSEA を用いるべきであることなどが主張されています。適合度指標の吟味については，豊田（1998, 2003）や狩野・三浦（2002）などを参考にして考慮する必要があります。

4. 潜在変数を用いた相関分析

適合度を検討した結果，図14-3のモデルはデータとの当てはまりがよく，同様に「外発的動機づけ」についても適合していました。この両者の関係の強さを分析したいのですが，潜在変数間の相関は分析できるのでしょうか。

1つのモデルの中で，観測変数でも潜在変数でも，それらの間の相関（両方向の矢印で表します）および因果（単方向の矢印で表します）を仮定できます。これが，潜在変数を仮定することができない単なる相関分析（第7章）や重回帰分析（第8章），および重回帰分析の繰り返しによるパス解析という従来の方法を超える，構造方程式モデリングの長所です。なお，重回帰分析の繰り返しによるパス解析については，すでに構造方程式モデリングが取って代わったものとして，本書では扱いません。

図14-4に，2つの潜在変数間の相関を分析した結果を簡単に示します。ここでは相関係数（.42）だけ示していますが，計算結果だけではなく，仮定したモデルがどの程度データに適合しているかを適合度指標によって検討することができます。

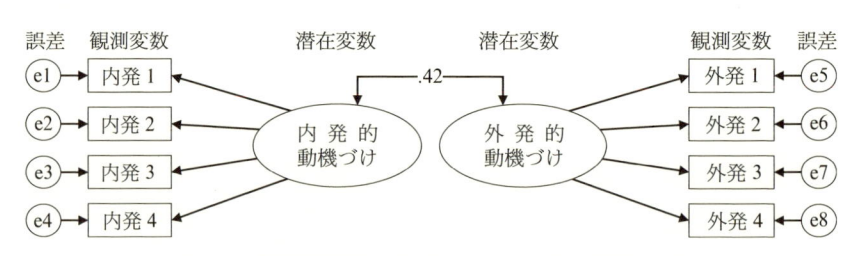

図14-4 潜在変数間の相関分析を行った構造方程式モデル

また，尺度値を潜在変数の値として考えると，潜在変数間の相関係数などが実際の値よりも控えめに算出されるという問題（希薄化の問題）があります。たとえば図14-4の例に尺度値を用いると，相関係数は.36となりました。この問題を回避できるということも，適合度が検討できることと

あわせて，構造方程式モデリングの利点と言えるでしょう。

5. 潜在変数を用いた重回帰分析

これら2つの潜在変数が，英語力を測るために使ったテスト得点をどのくらい説明するものなのかどうかを検討したいのですが，潜在変数を使った重回帰分析はできるのでしょうか。

前節で扱った相関だけでなく，単方向の因果を仮定して，重回帰分析を行うことができます。潜在変数・観測変数とも，独立変数・従属変数のどちらにも使うことができます。図14-5は，2つの潜在変数が相関（双方向の矢印で相関係数を表示）しつつ，テスト得点へ因果（片方向の矢印で標準偏回帰係数を表示）を及ぼすと仮定した分析結果です。簡略化するため潜在変数の指標となる観測変数とその誤差は省略しています。

```
        .42
   ┌─────────┐
 内発的      外発的
 動機づけ    動機づけ
     .41     -.06
      ↘     ↙
     テスト得点
```

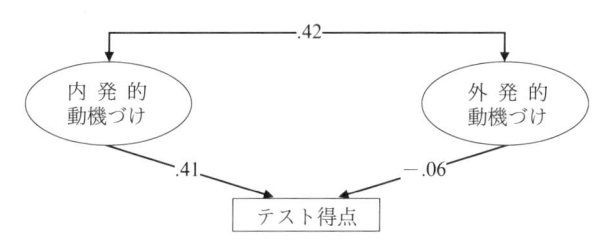

図14-5　潜在変数を用いた重回帰分析を行った構造方程式モデル

このテストは同様の能力を測ろうとする問題だったと仮定して1つの観測変数にまとめましたが，もしも複数のテスト問題（語彙テスト，読解テスト，聴解テストなど）を行ったのであれば，「英語力」という潜在変数を仮定し，それぞれのテストはその潜在変数の指標となる観測変数として分析すればよいのです。

ただし，複数の独立変数（この場合には「内発的動機づけ」と「外発的動機づけ」）が1つの従属変数（この場合には「テスト得点」）に因果を及ぼすと仮定するモデルの場合には，偏回帰係数の解釈に困難がともないま

す。第8章第4節で扱った問題と同様に，単純な相関係数と，標準偏回帰係数との値が大きく異なってしまう場合があります。因果（片方向の矢印）ではなく相関（双方向の矢印で相関係数を表示）を仮定して分析を行うと，図14-6のような結果が得られました。

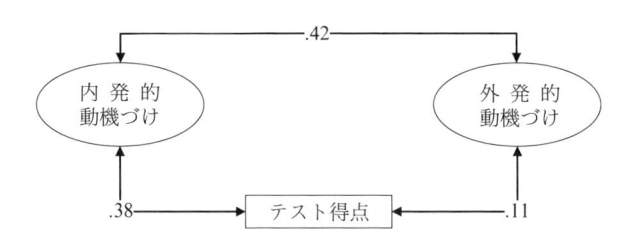

```
                    .42
        内発的              外発的
        動機づけ            動機づけ
           .38    テスト得点    .11
```

図14-6　図14-5の代わりにすべて相関を仮定した構造方程式モデル

　図14-5と図14-6の標準偏回帰係数と相関係数の違いは第8章第4節の例よりも比較的小さいですが，重回帰分析の場合と同様に，従属変数を予測するために使用するのはともかく，各独立変数から従属変数への因果の強さを安易に比較するには，問題があります。
　なお，重回帰分析や，重回帰分析を応用したパス解析という手法がありますが，希薄化の問題（本章第4節）が残ることと適合度の評価が難しいため，構造方程式モデリングの方が優れていると指摘されています。

6. 多母集団の同時分析

　　ところで，生徒を見ていると，男女によって動機づけや英語力との間
　　の相関の強さが異なることもあるのではないかと思います。男子のデ
　　ータと女子のデータで別々に分析し，結果を並べて比べればよいので
　　しょうか。

　この例のように，男女によって違うのではないか，つまり，異なる母集団に属するのではないかという比較をしたい場合（第4章第4節），多母集団の同時分析という方法が利用できます。

同じモデルを使って男女のデータをまったく別々に分析してしまうと，配置不変，つまりモデル内の変数の配置や構造自体には変化がないということだけは仮定できます。しかし，すべての係数が男女によって異なってくるため，問題が起こります。図14-3に示されるように，潜在変数から観測変数への標準偏回帰係数はばらばらに推定するからです。こういった，仮定する潜在変数の測定という大前提の部分から違ってしまうと，集団間の違いを議論することが難しくなります。したがって，同時に分析するとき，「ある程度比較の枠組みを共通させておいて，議論の的となる研究仮説の部分のみを対比させることが有効」（豊田，1998）だと言えます。

そこで，配置不変に加えて測定不変という仮定，つまり，潜在変数から観測変数への係数が等しいという制約（弱測定不変と呼ぶ場合もあります）を置くなどして，どのような制約を置いたときに最もモデルとデータの適合がよく，理論的にも整合するものであるか検討することになります。制約には，弱測定不変の制約に加えて，観測変数の誤差分散も等しいという仮定を置くもの（強測定不変とも呼ばれます）などがあり，これらの組み合わせについても順次検討していくことになります。

本書では詳細な手順や結果出力例については紙幅の都合で割愛しますので，第16章の「参考書籍ガイド」に挙げた専門書等を参考にしてください。

7．平均構造の分析

> 生徒を見ていると，男女によって動機づけの強さやばらつきが違っているのではないかと思います。相関や因果の強さだけではなく，潜在変数自体の平均などについても検討できないでしょうか。

構造方程式モデリングでは，平均や分散をモデルに組み込んで分析対象とすることができます。一般的な探索的因子分析や，特に何も指定しないままの構造方程式モデリングでは，潜在変数の平均や分散は固定されています。しかし，この例のように平均の差に興味がある場合には，多母集団

の同時分析を行うとき，潜在変数の平均や分散にも制約を置くことによって可能になるのです。

詳細は省略しますが，平均と分散を比較するためには，ある集団については潜在変数の平均を0，分散を1などとして仮定し，その他の集団の平均と分散がそれに比べてどのくらい上下するかを，非標準化解（標準化していないため単位に依存する，重回帰分析で得られる偏回帰係数のような種類の係数）を用いて検討します。出力例を表14-1に示します。

表14-1　潜在変数の平均と分散（非標準化解）

	内発的動機づけ		外発的動機づけ	
	平均	分散	平均	分散
男子	0.00	1.00	0.00	1.00
女子	0.30	0.77	−0.07	0.97

男子の潜在変数は平均を0，分散を1（つまり，標準偏差も1）として固定して分析した結果です。差が捉えやすい内発的動機づけを例にとると，男子よりも女子の方が，動機づけが強く（平均が高い）と同時に，強さのばらつきが少ない（分散が小さい）という結果を得ることができました。

なお，ここでも具体的な手順や結果の例は紙幅の都合で割愛しますので，第16章「参考書籍ガイド」に挙げた専門書等を参考にしてください。

8. 構造方程式モデリングにおける因果や相関の仮定

構造方程式モデリングを使えば自由に変数間の相関や因果を仮定でき，モデルとデータの適合を検討することができるとわかりました。では，適合がよいモデルを作れば，後は解釈すればよいのでしょうか。

確かに構造方程式モデリングは，モデルを自由に組み替えることができます。しかし，実質的に関係のないもの同士に因果や相関を仮定したりし

ては，モデルがデータによく当てはまっているからといっても，解釈は意味を持ちません。したがって，理論的な背景や実質科学的な知見をもとにしてモデルを構成する必要があります。

たとえば，モデルの適合を上げるために，意図していなかった因果や相関を仮定する場合がありますが，単に「適合度を上げるため」という理由でしか説明できないようなモデルを構成しない方がよいでしょう。

また，因果を仮定する場合には特に注意が必要です。第7章第4節で示したように，何ら関係ない2変数間でも，計算を行えば係数は算出されます。そして，因果と言っても，2変数だけの間においては，仮定する因果の方向が逆になっても係数は変わりません。原因と結果の関係になっていないのに，因果を仮定してその強さを議論することなどのないように留意する必要があります。

本章のまとめ

1. 構成概念を測る項目が複数ある場合，尺度値や因子得点を用いてその構成概念の値として分析をすることには問題がある。
2. 構成概念を用いて分析を行うには，構造方程式モデリングを使う。構成概念を潜在変数，項目を観測変数として，潜在変数の影響を受けて観測変数が現れたと考える。
3. 構造方程式モデリングでは，モデルとデータの適合を検討することができる。さまざまな種類のある適合度指標のうち，モデルやデータに適したものを選んで吟味する。
4. 構造方程式モデリングで潜在変数を仮定し，潜在変数どうしの関係を分析することができる。モデルの適合度を判断できることに加えて，尺度値を用いた場合に起こる希薄化の問題を避けることができる。

5. 構造方程式モデリングでは，潜在変数や観測変数間に相関や因果を仮定できる。ただし，従属変数に複数の独立変数が因果を与えると仮定するモデルでは，偏回帰係数の解釈が困難である。
6. 構造方程式モデリングを用いて複数の群からなるデータについて分析するときに，各群の分析結果の比較を行うためにモデルに制約を置き，多母集団の同時分析を行うことができる。
7. 構造方程式モデリングによって多母集団の同時分析を行う際に，モデルに平均構造を組み込むことによって，複数の群の間における潜在変数の平均や分散の差について検討することができる。
8. 構造方程式モデリングでは，分析者が自由にモデルを仮定できて適合度を検討することができるが，仮定するモデルが理論的に整合していない場合には結果も意味を持たないので，安易なモデル構築は控えるべきである。

〈引用文献〉

狩野裕・三浦麻子 (2002)『グラフィカル多変量解析 増補版』現代数学社.
豊田秀樹 (1998)『共分散構造分析［入門編］』朝倉書店.
豊田秀樹 編著 (2003)『共分散構造分析［疑問編］』朝倉書店.
服部環 (1999)「Question 78 因子得点か尺度値か」繁桝算男・柳井晴夫・森敏昭 編『Q&Aで知る統計データ解析 DOs and DON'Ts』サイエンス社, pp.155-158.

第4部
資料編

　ある1冊の書物だけを参考にしてデータ処理を行うのは難しいものです。本書ではそれぞれの分析について，代表的な例を用いて説明しましたが，自分のとったデータがその例と異なる場合，具体的にどのような分析手法を使えばよいのかを知りたいことがあります。分析手法についてさらに詳しく知りたいということもあるでしょう。また，どのようなソフトウェアを用いればよいのかも知りたいところです。さらに，分析結果をまとめる際の書き方は，慣れないとなかなか難しいものです。

　そこで，ここでは「資料編」として，実際のデータ処理や結果の記述に役立つ内容を紹介します。

第15章

統計手法選択ガイド

　明らかにしたいことがあってデータを集めても，適切な手法を選ばなければ意味がありません。理想的なのは，データを収集する前に，つまり明らかにしたいことがはっきりした時点で，どのようなデータを集めればよいのか，そして，どのような分析を行えばよいのか指針を立てることです。

　次の表15-1は，分析したい内容と収集したデータの性質によって分類した，統計手法の選択ガイドです。後に説明するような例外もありますが，原則的な大筋として参考にしてください。

表 15-1　統計手法選択ガイド

観点	分析の対象	尺度	要因	水準	対応	手法	章	注
変数の特徴	変数の分布					記述統計	3	
変数の特徴	測定の信頼性					クロンバックの α	1	
変数の特徴	複数要因の測定誤差の影響					一般化可能性理論	9	
変数の差	比率の差	名義		1以上	なし	χ 二乗検定	11	1
変数の差	平均の差	順序	1	2	なし	マン・ホイットニーの U 検定	6	2
変数の差	平均の差	順序	1	2	あり	ウィルコクスンの符号付順位和検定	6	2
変数の差	平均の差	順序	1	3以上	なし	クラスカル・ウォリスの順位和検定	6	2
変数の差	平均の差	順序	1	3以上	あり	フリードマン検定	6	2
変数の差	平均の差	間隔・比率	1	2	なし	t 検定（繰り返しなし）	4	2
変数の差	平均の差	間隔・比率	1	2	あり	t 検定（繰り返しあり）	4	2
変数の差	平均の差	間隔・比率	1	3以上	なし	分散分析（繰り返しなし）	5	2
変数の差	平均の差	間隔・比率	1	3以上	あり	分散分析（繰り返しあり）	5	2
変数の差	平均の差	間隔・比率	2			2元配置分散分析	13	3
変数間の関連	相関					相関分析	7	4
変数間の関連	予測・因果					回帰分析，重回帰分析	8	
変数間の関連	変数のグルーピング					探索的因子分析	10	5
変数間の関連	サンプルのグルーピング					クラスター分析	12	5
変数間の関連	潜在変数を仮定した分析					構造方程式モデリング	14	5

左から1列目と2列目は，どのような観点で，何の分析を行いたいのかということを表します。次の，3列目から6列目では，「尺度」としてデータの尺度（第2章），「要因」としてデータを分ける視点（たとえば，学級別，自己評価の実施時期），「水準」として要因内に含まれる群の数（たとえば，1組・2組・3組なら3，中間テスト後の自己評価・期末テスト後の自己評価なら2），「対応」として水準間で対応がある（繰り返しがある）かどうか（たとえば，1組・2組・3組なら対応なし，同じ受験者による定期テスト後の同じ項目による自己評価なら対応あり），をそれぞれ示しています。これらは特に差の検定を行うときに重要ですから，変数の差を観点とするところにだけ付しました。

　そして，左から7列目以降は，手法の名前，本書における章，そして，補足説明を行うための注の番号となっています。一覧表にするために簡略化してありますから，この表だけで判断するのではなく，次の説明を参考にしながら，該当する章をしっかり読んで理解することをお勧めします。

● 注1

　変数の差という観点で，比率の差を分析しようとするのに，水準数が「1以上」となっています。水準数が2以上であれば，水準間の差を検定するということになりますが，単に1水準しかない，ある1クラスだけのカテゴリー別の比率の分析を行うような場合でも，各カテゴリーに均等に（もしくは，ある仮定に従って）データがばらついているかどうかの検定に用いられる場合がある，ということを意味しています。

● 注2

　順序尺度用のノンパラメトリック検定であるマン・ホイットニーのU検定からフリードマン検定までの4つは，間隔尺度・比率尺度のデータであっても標本数が少なかったり正規分布から大きく逸脱していたりする場合に用いられることがあります。逆に，順序尺度のデータであっても，得られる情報が多いことや他の分析手法との兼ね合いから，間隔尺度・比率

尺度用の対応のない t 検定から1元配置分散分析（対応あり）までといったパラメトリック検定が用いられることがあります。

● 注3

2元配置分散分析には，第13章で扱った例のような2つの要因それぞれに2水準ずつという分析に限らず，3水準以上の要因も分析に含めることができますので補足します。また，複雑な分析デザインであるために本書では触れていませんが，要因の数を3以上にして分散分析を行うこともできます。

● 注4

相関についても，注2と同様に厳密には間隔尺度・比率尺度であればピアソンの積率相関係数，順序尺度であればスピアマンの順位相関係数やケンドールの順位相関係数を用いて使い分けます。しかし本書では「相関係数」として，最もよく用いられるピアソンの積率相関係数で代表させています。

● 注5

クラスター分析は，第12章で示したようなサンプルのグルーピングだけでなく，変数のグルーピングを行うこともできます。ただし，変数のグルーピングを行うには因子分析を行うのが一般的なので，クラスター分析はサンプルのグルーピングを行うためのものとしてあります。

第 16 章

参考書籍ガイド

　分析などについてよくある質問が,「どの本を読んだらよいですか」「何を使って勉強すればよいですか」というものです。その質問を耳にするたび，答えに窮します。どの書籍にも特長があり，目的や読み手の理解度などによって，最適なものは異なってくるからです。

　本書は，さまざまな分析手法についてできるだけ具体的かつ平易に説明したため，広く浅くならざるを得ない面もあります。本書では書ききれなかったことを補うために，できるだけ良書の引用を行いました。ここでは，各章末のリストには含まれない書籍も含め，参考書籍を簡単に紹介していきます。掲載する順は特に難しさとは関係していませんが，教育評価や統計処理の概論，検定や分散分析，テストデータの分析，多変量解析，という順で，終わりに Q&A 集とソフトウェアの操作方法の書籍を挙げます。さらに，本書で扱えなかった内容に関する書籍も紹介します。

●東洋（2001）『子どもの能力と教育評価 第 2 版』東京大学出版会
　評価法の解説書と言うよりもむしろ，望ましい評価像を中心に書かれています。本書で説明した，妥当性と信頼性，適性処遇交互作用，尺度の問題などについて，その概念を丁寧に解説しています。

●応用教育研究所 編（2003）『2003 年改訂版教育評価法概説』図書文化
　昭和 29 年から版を重ねつつも絶版となっていた名著を，現代への適用性を持たせて改訂したものです。教育評価の意義，考え方から，技法，手

順，さらに学級や学校経営の評価までを網羅しています。

● 竹内理・水本篤 編著（2012）『外国語教育研究ハンドブック―研究手法のより良い理解のために』松柏社

外国語教育研究に用いられる調査・分析手法を網羅しており，本書で扱えなかった効果量，テスト理論，メタ分析，質的研究の手法も概説していることに加えて，ウェブサイトから例題データを入手して分析の練習ができるようにも工夫されています。本書の続編とも言える一冊です。

● 清川英男（1990）『英語教育研究入門―データに基づく研究の進め方』大修館書店

タイトル通り，英語教育に関する実例を使って，主に検定と相関を取り上げて説明しています。手計算で検定を行う場合には非常に重宝しますし，後半にある研究の進め方は参考になるでしょう。

● 西川純（2000）『新版 実証的教育研究の技法』大学教育出版

わかりやすく解説してある統計的な分析手法とあわせて，教育の研究をするときにつまずきやすい箇所を克服するためにという観点から，研究の進め方，口頭発表の仕方，論文の書き方までを，丁寧に解説しています。

● 南風原朝和（2002）『心理統計学の基礎―統合的理解のために』有斐閣
● 南風原朝和（2014）『続・心理統計学の基礎―統合的理解を広げ深める』有斐閣

多くの手法について網羅的に解説しているほか，本書では扱えなかった効果量についても詳説しています。統計理論の概念的理解に役立ちます。

● 吉田寿夫（1998）『本当にわかりやすいすごく大切なことが書いてあるごく初歩の統計の本』北大路書房

難しそうな数式が続出したら思考がストップしてしまう…，そんな場合にはこの書籍がとりかかりやすいでしょう。ただし「ごく初歩」とあるように，この書籍を基盤にして，さらに理解を深めることも重要です。

- Nicol, A. A. M., & Pexman, P. M (2010). *Presenting your findings: A practical guide for creating tables* (6th ed.). Washington DC: American Psychological Association
- Nicol, A. A. M., & Pexman, P. M. (2010). *Displaying your findings: A practical guide for presenting figures, posters, and presentations* (6th ed.). Washington DC: American Psychological Association

分析結果の伝わりやすさは図表によって大きく左右されます。様々な分析手法に対応した図表の作り方を具体的に説明しているのがこの2冊です。

- Siegel, S., & Castellan, L. Jr. (1988). *Nonparametric statistics for the behavioral sciences* (2nd ed.). New York: McGraw-Hill

実際には本書でも触れたように，簡便さを理由にパラメトリック検定が行われることも多いのですが，ノンパラメトリック検定をきちんと考える際の基本的な教科書です。

- 田中敏・山際勇一郎（1989）『新訂ユーザーのための教育・心理統計と実験計画法』教育出版
- 豊田秀樹（1994）『違いを見ぬく統計学：実験計画と分散分析入門』講談社
- 森敏昭・吉田寿夫 編著（1990）『心理学のためのデータ解析テクニカルブック』北大路書房

本書で扱った2元配置の分散分析よりもさらに複雑な実験計画や分析を実行したい場合には，これらの書籍が助けになるでしょう。また，豊田（1994）では，一般化可能性理論についての解説もなされています。

- Shavelson, R. J., & Webb, N. M. (1991). *Generalizability theory: A primer.* Newbury Park: Sage Publications
- 池田央（1994）『現代テスト理論』朝倉書店

テスト理論の中で最近特に注目されつつある話題のひとつが，一般化可能性理論です。日本国内ではまだ文献が多くありませんが，本書の第9章

に加えて，これらの基本文献を理解するとよいでしょう。

- 大友賢二（1996）『項目応答理論入門』大修館書店
- 大友賢二 監修・中村洋一 著（2002）『テストで言語能力は測れるか―言語テストデータ分析入門』桐原書店

　大規模な資格試験やコンピュータを利用したテストに用いられているため，近年注目されているのが，この項目応答理論です。本書では扱いませんでしたが，言語テストに関するこれらの文献が参考になります。

- Grimm, L. G., & Yarnold, P. R. (Eds.) (1995). *Reading and understanding multivariate statistics.* Washington DC: American Psychological Association
- Grimm, L. G., & Yarnold, P. R. (Eds.) (2000). *Reading and understanding more multivariate statistics.* Washington DC: American Psychological Association

　いわゆる多変量解析という，多くの変数を1度に分析してそれらの関係を明らかにする手法が広範に解説されています。特に続編である後者では，上述の一般化可能性理論や項目応答理論にも章が割かれています。

- 松尾太加志・中村知靖（2002）『誰も教えてくれなかった因子分析―数式が絶対に出てこない因子分析入門』北大路書房

　たとえば（探索的）因子分析という名前は知っていても，いまひとつよくわからない。しかし因子分析の本を読むと行列式で頭が痛い。そのようなとき，理解への第一歩として手にするとよいでしょう。

- 狩野裕・三浦麻子（2002）『AMOS, EQS, CALISによるグラフィカル多変量解析―目で見る共分散構造分析 増補版』現代数学社
- 田部井明美（2001）『SPSS完全活用法 共分散構造分析（Amos）によるアンケート処理』東京図書
- 豊田秀樹（1998）『共分散構造分析［入門編］』朝倉書店
- 豊田秀樹 編（1998）『共分散構造分析［事例編］』北大路書房

- 豊田秀樹（2000）『共分散構造分析［応用編］』朝倉書店
- 豊田秀樹 編著（2003）『共分散構造分析［技術編］』朝倉書店
- 豊田秀樹 編著（2003）『共分散構造分析［疑問編］』朝倉書店

構造方程式モデリング（共分散構造分析）を行うにあたって，参考となる良書です。狩野・三浦（2002）は理論的な説明に加えて代表的な3種のソフトウェアによる分析方法の例を示しています。田部井（2001）はソフトウェアを AMOS® に限定して，より詳細な操作方法を紹介しています。豊田（1998）など一連の著作は，タイトルの括弧内にあるように，基礎的な入門編，分析例の事例編，さらに複雑なモデルを扱う応用編，高度な分析のための技術編，分析を行う上で生じる疑問に答える疑問編と，それぞれの特色を持っています。

- 繁桝算男・柳井晴夫・森敏昭 編（1999）『Q & A で知る統計データ解析 DOs and DON'Ts』サイエンス社

統計分析全般について，よくある誤用や誤解を解き（DON'Ts），分析上の疑問に対しては行うべき方法を提示しています（DOs）。実際にあった質問をもとにしているため，困ったときに手にするとよいでしょう。

- 東京図書の Excel® と SPSS® の関連書籍

ソフトを使っても，分析のための具体的な操作や出力の見方がわからないことがあります。東京図書から出版されている数種の書籍では，Excel® や SPSS® を用いて分析して結果を読み取る手順が，実際の画面の画像で示されており，参考になります。既刊書籍は目的に応じて多くの種類にわたっていますが，たとえば次のようなものがあります。

  ○ 内田治『すぐわかる Excel による統計解析』［第2版］東京図書
  ○ 加藤千恵子・石村貞夫（2003）『Excel でやさしく学ぶアンケート処理』東京図書
  ○ 室淳子・石村貞夫（2002）『SPSS でやさしく学ぶ統計解析』［第2版］東京図書
  ○ 加藤千恵子・盧志和・石村貞夫（2003）『SPSS でやさしく学ぶアン

ケート処理』東京図書
- 石村貞夫（2002）『SPSS による分散分析と多重比較の手順』［第 2 版］東京図書
- 室淳子・石村貞夫（2002）『SPSS でやさしく学ぶ多変量解析』［第 2 版］東京図書
- 小塩真司（2004）『SPSS と Amos による心理・調査データ解析－因子分析・共分散構造分析まで』東京図書

● 大久保街亜・岡田謙介（2012）『伝えるための心理統計―効果量・信頼区間・検定力』勁草書房
● 山田剛史・井上俊哉 編著（2012）『メタ分析入門―心理・教育研究の系統的レビューのために』東京大学出版会

　本書で紹介した分析手法のほとんどは，帰無仮説有意検定と呼ばれるものです。最近では帰無仮説有意検定の結果以外に，差の大きさの程度の指標である「効果量」を示すことも重要視されるようになってきました。先に紹介した竹内・水本（編）（2012）や南風原（2002, 2014）に加えて，これらの書籍は効果量の概念や求め方を理解する上で役立ちます。

第17章

ソフトウェアガイド

　統計処理を行うにあたって，欠かせないと言ってよいのがソフトウェアです。ここでは，市販されているもの，フリーソフトとして利用可能なもの，そして Web 上で統計処理を行うことができるサイトを紹介します。なお，使用するときに，プログラム言語などを用いないといけないものについては除外してあります。(2015 年 6 月 20 日現在)

1. Excel®

　Microsoft® 社の Excel® は，基本的には表計算ソフトですが，［分析ツール］というアドイン（付加機能）を持ち，簡単な統計処理であれば行うことができるようになっています。通常はインストールされていますが，初期状態ではすぐに使えるようになっていないので，メニューバーから［ツール］→［アドイン］と進み，［分析ツール］を使うことができるように設定する必要があります。

　また，関数などを入力して分析を行うための書籍が充実していることも便利です（第16章）。ただし，高度な分析を行うことは難しいので，データ入力やデータの整理は表計算ソフトである Excel® で行って，そのデータを統計ソフトで読み込んで分析することがあります。

2. SPSS®

　IBM® 社の SPSS® シリーズは，最もよく使われている統計パッケージの1つです。SPSS® Base という基本ソフトだけでも多くの統計処理を行う

ことができます。高度な統計分析と図表の作成を，画面を確認しながら順を追ってマウスでクリックするだけで行うことができるほか，分析の前段階で必要となる場合の多い数値の置き換えなどがしやすいのも特長です。統計パッケージにはさまざまなものがありますが，日本語に対応していることや，初心者にもわかりやすい操作ガイドなどが充実している（第16章）ことを考えると，最も推薦できます。

3．AMOS

第10章の検証的因子分析や，それを拡張した第14章の構造方程式モデリング（SEM）を行うためのソフトウェアで，第14章に示した図のようなパスダイアグラムを描きながら分析を行うことができるのが特長です。SEMを行うためのソフトウェアにも複数ありますが，日本語に対応していることや書籍が充実していることを考慮すると，一番使い勝手のよいものと言えるでしょう。

4．JSTAT for Windows

Web経由でダウンロード購入をすることができる，比較的安価なソフトウェアとして，JSTAT for Windowsがあります。基本的な手法はおおむねカバーしていますので，これで事足りることも多いでしょう。

5．Black-BoxとExact test（http://aoki2.si.gunma-u.ac.jp/）

群馬大学の青木繁伸先生のウェブサイトです。統計に関する用語集や説明などが多数あり，それだけでも勉強になります。その中に，Black-Boxというセクションがあります。ここでは，データファイルを書式に従って用意し，Internet Explorer®などのブラウザから分析を行うことができます。

ただし，分析の詳細を指定する際には簡単なコマンドを記述しなければなりませんし，Excel®のファイルそのままではない，決まった書式にデータを整形しなければなりませんから，（これらはあまり複雑な作業ではあ

りませんが慣れていない場合には）難しいかもしれません。

　もう1つの Exact test というセクションでは，ブラウザから直接数値を入力すれば分析ができるので便利です。第11章で触れた，正確確率検定（Exact Test）を行うことができます。

6．langtest（http://langtest.jp/）

　関西大学の水本篤先生によるサイトで，本書で紹介した分析手法の全てをウェブ上で試行可能です。データの入力は Excel® のようなスプレッドシートのデータをサイト上でペーストするだけで済みますので，自分で持っているデータを使いながら分析の練習ができるのも利点です。分析結果も数値だけでなくグラフによる表現も得られるため，統計的手法の理解にも役立ちます。また，本書では紹介できなかった，テスト項目の分析を行うことも可能ですので，教師自作テストの改善にも利用できます。統計パッケージである R を用いて計算していますので，結果も充分に信頼できます。

7．ANOVA4 on the Web（http://www.hju.ac.jp/~kiriki/anova4/）

　広島女学院大学の桐木建始先生によって，ANOVA4 という分散分析（第5章，第13章）のソフトウェアを Web から利用できるように移植されたサイトです。

　被験者内要因も被験者間要因も含めた4要因計画のデータまで分析することができる上に，多重比較などの事後検定についても行ってくれます。データは特有の書式で用意することもできますし，エクセルのデータを貼り付けるなどしてブラウザから入力することもできます。

8．GENOVA（http://www.education.uiowa.edu/casma/computer_programs.htm）

　アイオワ大学の Robert Brennan 先生によって作成された，一般化可能性理論用のフリーソフトです。SPSS® Advanced Models などでは，分散成分の推定までしかできず，一般化可能性係数を求める際には，別途手計

算などが必要ですが，このソフトでは，分散成分の推定から一般化可能性係数の推定まで一度にできます。充実したマニュアルも，同じサイトからダウンロードできます。

9. まとめ

　ここまで紹介したソフトウェアやウェブサイトと，本書で扱った分析方法の対応表を表 17-1 に示します。表の中で「○」印は，その分析方法に対応していて，基本的な操作で実行できることを表します。反対に「×」印は，まったく対応していなかったり，簡単な操作では対応していないために複雑な操作やプログラミングを必要としたりすることを意味します。中間的な「△」印については，単純に「○」とも「×」とも言いにくいため，次に説明をします。

　まず「△[1]」ですが，Excel® の「分析ツール」から実行するには制約が多

表 17-1　本書で扱った分析手法への対応状況

部	章	手法の名前	Excel®	SPSS® Base	AMOS	JSTAT	Black-Box	Exact test	langtest	ANOVA4 on the Web	GENOVA
1	1	信頼性係数	×	○	×	×	×	×	○	×	○
	3	記述統計	○	○	×	○	○	×	○	×	×
		標準得点	×	○	×	×	×	×	○	×	×
	4	t 検定	○	○	×	○	△[3]	×	○	×	×
	5	分散分析（繰り返しなし）	○	○	△[2]	○	○	×	○	○	×
		分散分析（繰り返しあり）	×	○	△[2]	○	×	×	○	○	×
	6	ノンパラメトリック検定	×	○	×	○	○	△[4]	○	×	×
2	1	相関分析	○	○	△[2]	○	○	×	○	×	×
		順位相関	×	○	×	○	○	×	○	×	×
	2	回帰分析・重回帰分析	○	○	△[2]	○	○	×	○	×	×
	3	分散成分の推定	×	×	△[2]	×	×	×	×	×	○
3	1	探索的因子分析	×	○	○	×	×	×	×	×	×
		検証的因子分析	×	×	○	×	×	×	×	×	×
	2	χ 二乗検定	×	○	×	○	○	△[4]	×	×	×
		正確確率検定	×	×	×	×	○	○	×	×	×
	3	2元配置以上の分散分析	△[1]	○	△[2]	○	×	×	×	○	×
	4	クラスター分析	×	○	×	×	×	×	○	×	×
	5	構造方程式モデリング	×	×	○	×	×	×	×	×	×

（第 2 章は特に統計手法がないため省略）

く，あまり現実的であるとは言えません。関数を入力したりマクロを組んだりすることで「×」となっているものも実行できる場合がありますが，［分析ツール］に含まれないものは除外して考えました。

次に「△²」ですが，構造方程式モデリング（SEM）という手法は，多くの下位概念を含む包括的な分析手法です。そのため「△」にした項目がいくつかあります。

そして「△³」ですが，メニューには「t 検定」という言葉はありません。しかし，「分散分析」のメニューからデータを指定し，その平均の差の検定をしようとした場合に，2群のデータであった場合には t 検定，3群以上なら分散分析が行われます。メニューにないため，「△」としました。

最後に「△⁴」ですが，本書で扱った方法は近似値を求めて検定する，一般的に多く用いられる方法です。一方，この Exact test では，近似値を求める方法に加えて，膨大な計算量が要求されるフィッシャーの正確確率検定によって，正確な有意確率を求めることもできます。厳密には両者は異なるので「△」としました。

第18章

分析結果の書き方ガイド

1. 分析結果の書き方について

　分析まではなんとかできたのに，どうやって記述すればよいのかわからなくなる。初めての分析手法を使った場合や，初めて研究成果をまとめるとき，よくあることです。このような場合，多くは，類似した分析結果を含む論文を参考にするでしょう。

　ただし，特に学会誌などに掲載されている論文を参考にする場合には，どうしても注意しなければならないことがあります。それは，紙幅の都合から，やむをえず割愛しなければならない事項があったかもしれないということです。そして，たいへん残念なことに，分野によって慣例が違うこともありますし，刊行された論文といえども改善できる点がある場合も見受けられます（論文執筆者も査読者も編集者も万能ではないのです）。

　分析結果を記述する際には，その着眼点や紙面の都合などが関わってきますから，これとこれを書けばよいと断言しにくいのも事実です。このような限界のため，現実には相違もありますが，本書で扱った分析手法のそれぞれについて，書き方の例を示します。掲載した事項は，一般的な論文として最低限必要であることを基準にしました。

2. t 検定（第4章）

　第4章第3節で扱った，男子と女子のテスト得点の平均の差について t 検定を行った結果を記述するには，次のように書きます。

> あるテストについて，男女間における平均値の差を両側検定の t 検定により検討した。その結果，$t(58)=-0.92$, $p=.36$ であり，これらの平均値の差は有意ではなかった。

このとき，t の後のかっこの中には自由度を書きます。また，次のように書くこともあります。n.s.とは，「有意ではない（not significant）」ことを表しています。

> あるテストについて，男女間における平均値の差を有意水準5％で両側検定の t 検定により検討した。その結果，$t(58)=-0.92$, n.s.であり，これらの平均値の差は有意ではなかった。

また，複数の変数について検定を行ったときには，上のような同じ文言を並べると冗長になってしまいます。テスト1・2・3という3種類のテストに関して，t 検定を使って男子と女子の平均の差を検定したとしましょう。その結果は，以下のように示すことができます。

> テスト1，2，3について，男女間における平均値の差を有意水準5％で両側検定の t 検定により検討した。その結果は表18-1の通りであり，テスト2，3においてこれらの平均値の差は有意であった。
>
> 表18-1　男女間のテスト1・2・3の平均の差の検定結果
>
> | | 男子（$n=30$） | | 女子（$n=30$） | | t (58) | |
> |---|---|---|---|---|---|---|
> | | 平均 | 標準偏差 | 平均 | 標準偏差 | t | p |
> | テスト1 | 62.07 | 13.33 | 65.20 | 12.96 | -0.92 | .36 |
> | テスト2 | 51.77 | 11.87 | 60.40 | 9.57 | -3.10 | <.01 |
> | テスト3 | 41.47 | 8.69 | 46.13 | 8.71 | -2.08 | .04 |
>
> 注：有意水準5％とした両側検定

　記述すべきなのは，有意水準（一般的な.05とする場合でも，明記する方が親切です），両側検定か片側検定かの別（通常は両側検定ですが，丁寧にするなら記述します），t 値，自由度，p 値，これら5点です。自由度は t の後のかっこの中に書きます。加えて，できるだけ変数の平均，標準偏差などの記述統計量も示します。

なお，テスト2のようにp値を四捨五入して小数点第2位まで表記すると.00となってしまう場合には，.00と表記することもありますし，<.01として「小数第2位までとした場合に最も小さい値である.01より小さい」ということを示すこともあります。

アステリスクを使って統計的に有意であることを示す場合があります。たとえば，5％水準で有意なとき「*」，1％水準で有意なとき「**」，0.1％水準で有意なとき「***」という記号をt値の横に記す場合です。その例を見てみましょう。

> テスト1，2，3について，男女間における平均値の差を有意水準5％で両側検定のt検定により検討した。その結果は表18-2の通りであり，テスト2，3においてこれらの平均値の差は有意であった。

表18-2 男女間のテスト1・2・3の平均の差の検定結果

	男子 ($n=30$)		女子 ($n=30$)		t (58)
	平均	標準偏差	平均	標準偏差	
テスト1	62.07	13.33	65.20	12.96	−0.92
テスト2	51.77	11.87	60.40	9.57	−3.10**
テスト3	41.47	8.69	46.13	8.71	−2.08*

注：*$p<.05$，**$p<.01$

この場合は必ず，表の下部に注を付し，「*$p<.05$，**$p<.01$」など，アステリスクの意味を明記します。また，有意ではないものに n.s. と書くことはありません。このように表記する場合には，p値の詳細を「$p=.36$」のように記述せず，省略するというわけです。一方，表18-1のようにp値を明確に表記した場合には，アステリスクやその説明をする注は必要ありません。

なお，同様の統計的仮説検定を行う際（分散分析，ノンパラメトリック検定など）にも，t検定の場合と同様に，p値を書く場合とアステリスクで有意であることを示す場合があります。

しかし，統計ソフトを使って検定を行う場合には詳細なp値が出力されます。そのようなときには，あえてp値の代わりに記号を使って情報量を少なくしてしまうより，読者に論の根拠となる資料をできるだけ提供

するという観点から，アスタリスクや *n.s.* という略号を使うという表現（表18-2）よりも，*p* 値を明記する表現（表18-1）を採用する方が望ましいと考えられます。

3．分散分析（第5章）

第5章第2節で行った分散分析と第3節で行った多重比較の結果を示すときには，通常，以下のように書きます。

> あるテストの結果について，学級間における平均値の差を分散分析により検討した。その結果，$F(2,87)=4.00$，$p=.02$ であり，学級間における平均値の差は有意であった。さらに，テューキーの方法による多重比較の結果，A組とC組の間でその差は5％水準で有意であった。

または，統計ソフトなどを使わなかったために正確な *p* 値が分からないときなどには，次のような記述も考えられます。

> あるテストの結果について，学級間における平均値の差を分散分析により検討した。その結果，$F(2,87)=4.00$，$p<.05$ であり，学級間における平均値の差は有意であった。さらに，テューキーの方法による多重比較の結果，A組とC組の間でその差は5％水準で有意であった。

この結果の書き方ですが，表5-3のような統計ソフトの出力と対応させると，以下のようになります。

	平方和	自由度	平均平方	*F* 値	*p* 値
グループ間	1235.00	2	617.50	4.00	.02
グループ内	13445.10	87	154.54		
合計	14680.10	89			

$$F(2,87)=4.00,\ p=.02$$

4. ノンパラメトリック検定（第6章）

第6章第2節で扱った例を報告するときには，以下のように書きます。

> 男子と女子のテスト得点の差を，マン・ホイットニーの U 検定によって検討した。その結果，$U=9.50$，$p<.05$ であり，これらの差は5％水準で有意であった。

また，サンプル数が少ないためにノンパラメトリック検定を行うのであればできるだけ個々のサンプルの値を表6-2のように提示する方が望ましいと言えます。

さらに，第6章第2節で扱った例では，U 分布表を用いて5％水準で臨界値より小さいかどうかだけを検討しましたが，統計ソフトを使った場合などには，p 値も出力されます。このデータの場合は，$p=.03$ になります。その場合には，

> 男子と女子のテスト得点の差を，マン・ホイットニーの U 検定によって検討した。その結果，$U=9.50$，$p=.03$ であり，これらの差は5％水準で有意であった。

と書きます。

5. 相関分析（第7章）

第7章に例示した「リスニング得点」「リーディング得点」そしてアンケートの「Q1」「Q2」という複数の変数間で，それぞれのペアの相関係数を算出した場合には，以下のように報告します。

リスニングテスト，リーディングテスト，家庭学習時間，英語学習への好意性それぞれの関係を検討するために，相関係数を求めた。その結果は，表18-3の通りになった。

表18-3　相関係数行列

	L	R	H	I
リスニング（L）	1.00			
リーディング（R）	.76	1.00		
家庭学習時間（H）	.64	.74	1.00	
英語学習への好意性（I）	.54	.64	.68	1.00

　この表は，リスニングとリーディングの相関係数は.76，というように読んでいきます。また，対角（行と列に同じ変数名があるところ）は1.00となっていますが，同じ変数同士ですから完全に一致しますのでこの値となります（自明のことなので省略することもあります）。上三角または下三角は，どちらかに数値があれば十分なので，片方は省略することが多いです。表18-3では，上三角が省略されています。

　報告する相関係数の数が少ない場合には，「リスニング得点とリーディング得点の相関係数は，$r=.76$であった」というように書くことができます。この場合のr（イタリック体の「アール」）とは，相関係数を示す記号です。

　なお，相関係数の検定の結果，有意であると判断された相関係数にアステリスクを付している場合が見られますが，第7章第2節において説明したように，相関係数の有意性検定はその相関が持つ実質的な意味とはあまり関係がありません。したがって，表18-3の係数にアステリスクを付す必要はあまりないと言えます。また，第7章の第1，3節で例示したような，散布図やバブル・チャートという図の形式やクロス集計表も，2変数間の関係を詳しく検討する場合には非常に有用です。

6．回帰分析（第8章）

　第8章第4節のような重回帰分析の結果を報告する場合には，以下のように記述します。

語彙テスト，文法テスト，作文テストのそれぞれの得点を用いて読解テスト得点を予測するために，重回帰分析を行った。これらの変数の記述統計量および相関係数は表18-4，重回帰分析の結果は表18-5の通りであった。また，決定係数は $R^2=.43$ であった。

表18-4 記述統計量及び相関係数

変数	M	SD	1	2	3
従属変数：読解テスト	75.38	13.27	.62	.43	.56
独立変数：1．語彙テスト	63.70	17.82		.67	.55
2．文法テスト	59.75	18.60			.67
3．作文テスト	66.23	19.52			

表18-5 読解テストを従属変数とした重回帰分析の結果

変数	B	SEB	β
語彙テスト	0.40	0.12	.53
文法テスト	−0.13	0.13	−.19
作文テスト	0.27	0.11	.39
切片	40.50	6.60	

重回帰分析では，これまで紹介してきた分析手法に比べ，提示すべき情報が多いので，ここで整理しておきましょう。まず，重回帰分析のもととなる情報として，各変数の平均（M），標準偏差（SD），そして各変数間の相関を提示します。これら3つで1つの表とすればよいでしょう。

次に，非標準化係数として偏回帰係数と切片（B），標準誤差（SEB），そして標準化係数として標準偏回帰係数（β）を書きます。また，標準偏回帰係数で3つのテストから「読解テスト」に対する予測力を検討するときには，独立変数から従属変数への予測力が有意であるかどうかも示す場合があります。そのためには，標準偏回帰係数の列の右に p 値を表記する列を付け足すなどして示します。これでもう1つの表ができます。また，これら3つの変数で，どの程度「読解テスト」の結果を予測できるかの指標として，決定係数を書きます。決定係数は例のように本文中に書いてもよいですし，重回帰分析の結果（表18-5）の下部に記載しても構いません。

7. 因子分析（第10章）

第10章のような因子分析の結果を報告する場合には，以下のように記述します。

> 動機づけ尺度6項目について SPSS 12.0 を用いて探索的因子分析（最尤法，プロマックス回転）を施した。その結果，表18-6 の通りの因子パターン行列が得られた。これらの6項目は3項目ずつの2因子に分けることができ，それぞれ，報酬志向，充実志向と命名した。また，この結果得られた各因子間の相関は表18-7 の通りであった。

表18-6 動機づけ尺度の探索的因子分析結果（因子パターン行列）

質問項目	第1因子 (報酬志向)	第2因子 (充実志向)	共通性	α
5. 将来いい仕事先がある	.82	.01	.68	
4. 経済的によい生活ができる	.81	−.02	.64	.82
6. よい学校に進学できる	.70	.01	.49	
1. 新しいことを知りたい	−.07	.76	.54	
2. 知識を身につけたい	.09	.74	.63	.78
3. わかること自体おもしろい	−.00	.71	.40	

表18-7 因子間相関

	報酬志向	充実志向
報酬志向	1.00	
充実志向	.47	1.00

因子分析においても提示すべき情報が多いので，ここで整理しておきましょう。

まず，分析に使ったソフトを明記します。ソフトによって結果が異なることがあるからです。次に，因子分析に用いた計算方法（ここでは最尤法）と回転法（ここではプロマックス回転）を書きます。この2つは本文に書くようにしましょう。

そして，表を書きます。表に必要な情報は，項目，因子負荷量，共通性，そして信頼性係数（ここではクロンバックの α 係数）です。また，プロマックス回転などの斜交回転を行ったときには，因子パターンを用います。したがって，表のキャプションにも因子パターンであることを明記

します。項目ごとの基礎統計量（平均と標準偏差）については，この表より前に言及があれば書く必要はありませんが，もし言及された箇所がない場合には，この表に追加する形で載せるようにしましょう。

また，因子負荷量の表とは別に，因子間相関の表も書きます。これについては，斜交回転の場合のみ必要です。なぜなら，直交回転のときは，因子間に相関がないと仮定するからです。その代わりに，直交回転の場合には寄与率と累積寄与率を因子負荷量の表に追加してください。

8. χ 二乗検定（第11章）

表11-1に対して χ 二乗検定を行った場合には，以下のように報告します。この記述においては，$\chi^2(2, N=79) = 12.54$，$p<.01$ という表記をしていますが，χ^2 の後のかっこの中には，自由度を書き，「$N=$」の後に対象者数の合計を書きます。

> 2クラス間の予習重視，復習重視，予習・復習ともしない，これら3つの勉強の仕方のカテゴリーの頻度及び度数は表18-8の通りであった。また，これらの差を χ 二乗分析により検討した。その結果，$\chi^2(2, N=79) = 12.54$，$p<.01$ であり，クラス間で勉強の仕方が異なることが示唆された。
>
> 表18-8 クラスと勉強の仕方のクロス集計表（百分率と度数の併記）
>
> | クラス | 予習重視 | 復習重視 | しない |
> |---|---|---|---|
> | A組（$n=40$） | 52.5 %（21） | 25.0 %（10） | 22.5 %（9） |
> | B組（$n=39$） | 28.2 %（11） | 64.1 %（25） | 7.7 %（3） |

また，度数だけではわかりにくい場合があります。そのようなときは，A組またはB組の中における割合を百分率で示すと，比較しようとする各群において，各カテゴリーに現れた割合を比較しやすくなります。

さらに，視覚的に比率の差をわかりやすくするために，グラフを用いることもあります。比率の差を示すときは円グラフを用いることも多いですが，複数の群を比較する際には，図18-1のように帯グラフ（積み上げ棒グラフ）を使うと便利です。

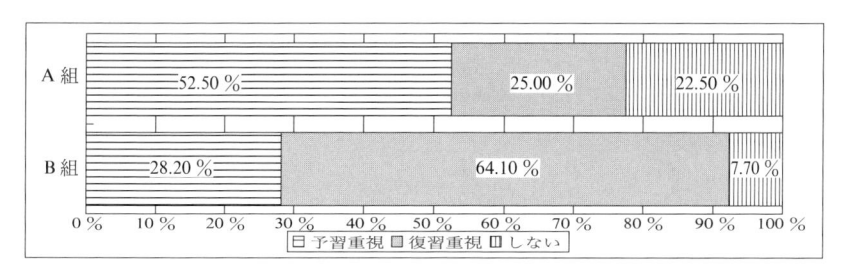

図18-1　A組とB組の比率の比較

9．クラスター分析（第12章）

　クラスター分析は，本書で提示した分析手法の中では最も分析者の裁量にゆだねられる部分が多い手法と言えます。したがって，どのような理由で分類を行ったのか，また，その分類が適切であったかどうかを結果として提示する必要があります。クラスター分析の結果として提示すべき情報については，研究者間でコンセンサスが得られていないのが現状ですが，第12章に例として取り上げられた結果を報告する際には，以下のように記述するのがよいでしょう。

> 　STATISTICAによる，平方ユークリッド距離を用いたウォード法によりクラスター分析を行い，対象者をいくつかのタイプに分けた。ウォード法を用いた理由は，この方法によるクラスター分析は，比較的まとまったクラスターが得られやすく，パターンの分類に有用であると考えられたためである。実際のグループ分けにおいては，図18-2のデンドログラムおよび分散分析の結果を検討し，最もグループの特徴を記述できるプロフィールの得られる点を探索した上で，カッティングポイントを定めた。その結果，5つのクラスターが得られた。各クラスターの所属人数は，第1クラスターが19人，第2クラスターが9人，第3クラスターが13人，第4クラスターが19人，第5クラスターが10人であった。これらの結果の基礎統計量を表18-9に，クラスターごとのプロフィールにしたものを，図18-3に示す。

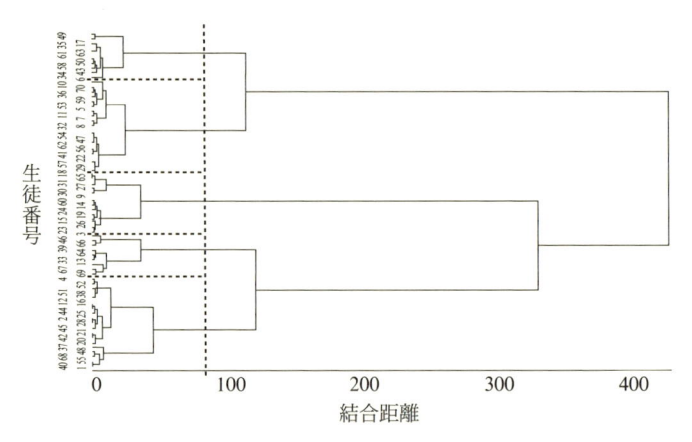

図 18-2　デンドログラム

表 18-9　各クラスターの記述統計量

	聞く		話す		読む		書く	
	M	SD	M	SD	M	SD	M	SD
第1クラスター（$n=19$）	2.63	0.83	3.11	1.10	5.58	0.77	6.37	0.60
第2クラスター（$n=9$）	3.00	1.00	2.89	1.54	2.44	0.73	6.00	0.71
第3クラスター（$n=13$）	5.00	1.41	6.08	0.64	6.62	0.51	6.92	0.28
第4クラスター（$n=19$）	4.11	0.81	5.16	0.69	4.74	0.65	3.74	0.65
第5クラスター（$n=10$）	5.10	0.47	3.20	0.79	5.30	1.16	1.80	0.42

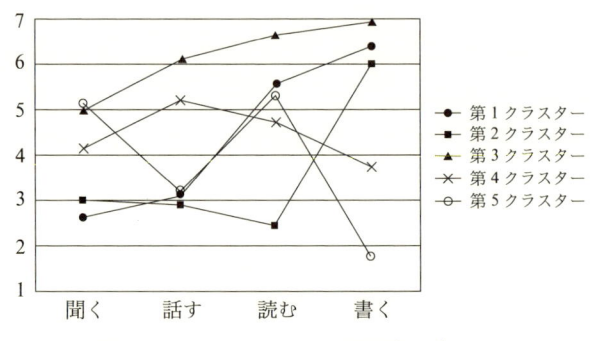

図 18-3　クラスターごとの平均値のプロット

また，これらのグループ間における平均値の差を，分散分析によって検討した。その結果，聞くことは $F(4,65)=18.28$, $p<.01$, 読むことは $F(4,65)=43.34$, $p<.01$, 話すことは $F(4,65)=30.33$, $p<.01$, 書くことは $F(4,65)=177.36$, $p<.01$ であり，いずれの変数についてもグループ間でそれらの平均値の差は有意であった。また，テューキーの方法による多重比較の結果，聞くことは 1<3,4,5, 2<3,5 の間で，読むことは 1>2,4, 1<3, 2<3,4,5, 3>4,5, 話すことは 1<3,4, 2<3,4, 3>5, 4>5, 書くことは 1>4,5, 2<3, 2>4,5, 3>4,5, 4>5 でいずれも5％水準で差が有意であった。これらの結果から，各クラスターの特徴をまとめると，表18-10の通りになった。

表18-10　各クラスターの特徴

クラスター	特徴
第1クラスター（$n=19$）	読む，書くの2つの技能では文法が役に立つと考えているが，話すと聞くの技能では文法はあまり役に立つとは考えていない。
第2クラスター（$n=9$）	聞く，読む，話すの3つの技能において，文法の有用性を低く評価しているが，書く技能においてのみ文法が役に立つと考えている。
第3クラスター（$n=13$）	4つの技能それぞれにおいて文法の有効性を高く評価している。
第4クラスター（$n=19$）	4つの技能それぞれにおいて有効性を特別に高くも低くも考えていない。
第5クラスター（$n=10$）	聞くと読むの技能においては文法が有効であると考えているが，逆に話すと書く技能においては文法が有効ではないと考えている。

　ここで，提示すべき情報を整理しておきましょう。まず，分析に使ったソフトを明記します。因子分析と同様にソフトによって結果が異なることがあるからです。次に，この例では得点を標準化していないため記述してありませんが，得点を標準化した場合には，その旨を明記します。さらに，距離の計算方法（ここでは平方ユークリッド距離）とクラスターを作る方法（ここではウォード法）を書きます。
　そして，どのようなグループ分けが実際に行われたのかを読者が知ることができるよう，デンドログラムを載せます。ただし，対象者数が多く，

紙幅に収まらない場合は必要ありません。デンドログラムには，グループ分けのカッティングポイントも書きましょう。さらに，そのグループ分けの結果，どのような特徴のあるグループが得られたのかを知るために，各クラスターの記述統計量を表にします。視覚的な理解を促したい場合には，平均値をプロットした図を載せるとよいでしょう。

　クラスター分析の結果からどのようにグループ分けをすればよいのかは，分析者の裁量によります。したがって，クラスター分けに使った変数を用いて分散分析を行い，クラスターの間に統計的に有意差があるかどうかを提示することも有効です。

　最後に，各グループの特徴について，1文程度で説明する表を作成すると，分析結果がより理解しやすくなりますが，これについては本文中で言及しても構いません。

10．2元配置の分散分析（第13章）

　第13章のように2元配置の分散分析を行った際には，以下のように報告します。

　言語学習不安の高低と，グループで会話練習をする学習方法およびコンピュータ教材を使って会話練習をする方法との関連を，2元配置の分散分析により検討した。その結果，記述統計量は表18-11の通りであった。分散分析の結果，言語学習不安と学習方法の交互作用は $F(1,36)=6.32$, $p=.02$，言語学習不安の主効果は $F(1,36)=4.40$, $p=.04$ であり，いずれも有意であった。一方，学習方法の主効果は $F(1,36)=0.12$, $p=.73$ であった。この結果を図示すると，図18-4の通りであった。

表18-11　クロス集計表

		学習方法			
		グループ		コンピュータ	
		M	SD	M	SD
言語学習不安	低群	76.70	8.55	65.70	10.73
	高群	59.00	14.70	67.30	13.60

図 18-4 言語学習不安と学習方法の交互作用

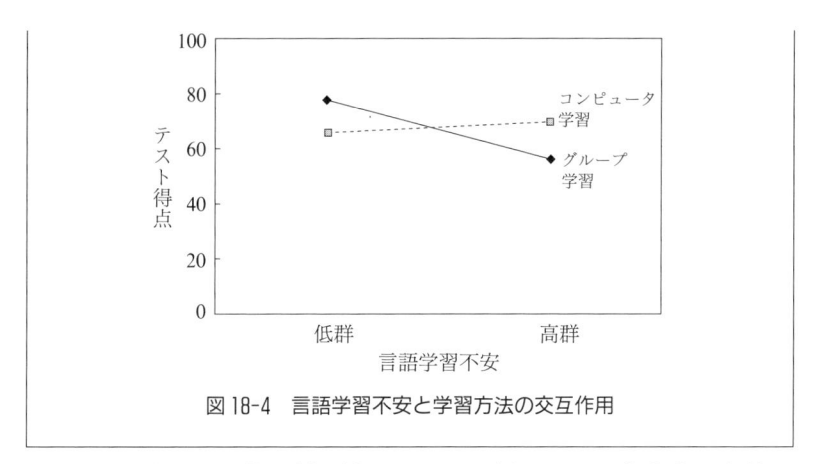

また，2元配置の分散分析の結果を，この例のように本文中に記載する以外にも，表として提示することもあります。

言語学習不安の高低と，グループで会話練習をする学習方法およびコンピュータ教材を使って会話練習をする方法との関連を，2元配置の分散分析により検討した。その結果，記述統計量は表 18-12，分散分析の結果は表 18-13 の通りであった。

表 18-12　クロス集計表

		学習方法			
		グループ		コンピュータ	
		M	SD	M	SD
言語学習不安	低群	76.70	8.55	65.70	10.73
	高群	59.00	14.70	67.30	13.60

表 18-13　分散分析表

要因	SS	df	MS	F	p
言語学習不安	648.03	1	648.03	4.40	.04
学習方法	18.23	1	18.23	0.12	.73
言語学習不安×学習方法	931.23	1	931.23	6.32	.02
誤差	5320.30	36	147.29		

2元配置の分散分析の結果，交互作用が有意であった場合には図 18-4 のように図示することで，わかりやすく提示することができます。また，表 18-13 の最後の行の「誤差」ですが，「残差」と表記する場合もあります。

11. 書くべきこと，書く必要のないもの，書かざるべきこと

　ここまで，分析手法の結果の提示の仕方について説明してきました。分析方法によって記述すべきことに違いもあれば，提示する情報の量にも違いがあります。しかし，これらの結果の提示の仕方に共通している原則があります。それは，「必要な情報はきちんと書く。情報は追試できるように書く。読者にわかりやすく書く」ということです。

　得られたデータに対して統計的分析を施す場合，差異または程度のいずれか，もしくはそれら両方を検討することが目的となっています。そして，それらを論じる場合には，分析結果から意思決定を行います。したがって，その意思決定の過程を必要最小限は書く必要があります。だれもがその結果を見たときに，確かにそう言えると納得できるように書く必要があるのです。また，結果を発表する場合，論文であれ，報告書であれ，紙幅には制限があります。ですから，冗長な結果の提示はしないようにすることが必要です。結果の提示だけで紙幅を使い切り，考察の記述が不十分にならないように注意しなくてはなりません。

　また，本当にその結果は正しいのか，追試できるように書くことも必要です。たとえば，なぜ，記述統計量に平均と標準偏差を書くのかという問題について考えてみましょう。それは，平均と標準偏差だけで，データの特徴をかなり捉えることができるばかりか，その2つの情報を使って読者が検算できることも多いからなのです。

　一方で，書く必要のないものもあります。たとえば，t 検定や分散分析には，帰無仮説と対立仮説があります。論文の中には，「仮説 H_0：男女間に差はない」というような記述があるものも散見されます。しかし，統計的仮説検定には帰無仮説と対立仮説があり，対立仮説が支持されるかどうかを検討するために使うことは自明なのですから，そういうことまで書く必要はありません。また，t 検定の結果などで，p 値を書き，かつアステリスクで有意差があるかどうかを書くことも冗長ですので，情報量が多い p 値の方だけを記述すればよいということになります。

　さらに，因子分析を例にして考えてみましょう。因子分析を行うと，い

ろいろな出力が得られますが，報告する際には，因子の解釈とそれらの性質の検討に必要なものだけを記述すればよいのです。ですから，回転前の因子行列などを提示する必要はないわけです。

次に，読者にとってわかりやすく結果を提示するということについて考えてみます。特に，有効数字を揃える（小数点以下の桁数を揃える）ことは大切です。たとえば，「リスニングテストとリーディングテストの相関は.762，家庭学習時間との相関は.64，英語学習への好意性との相関は.5425であった」と書いてしまった場合，一読しただけでは3つの相関を比較してその大小を把握することは困難です。

また，結果を本文中に記述するか，それとも図表にするかということも，読者にとってどちらがわかりやすいかということを考えて決めればよいのです。

小数点に関しては，1の位の0を省略するかどうかという問題もあります。本書では，p値，相関係数，標準偏回帰係数のように，通常は絶対値で1を超えない（ほぼ -0.99 から 0.99 でおさまる）統計量については，原則として1の位の0を省略して小数点から書き始めるという方法で統一しています。もちろん，1の位の0を省略しないという方法もあります。

最後に，書かざるべきものについて考えてみたいと思います。

たとえば，t検定の結果として，「男女のテスト得点の差は歴然である」とか，因子分析の結果，「英語学習の動機づけには，充実志向因子と報酬志向因子の2因子がある」。また2元配置の分散分析の結果，「言語学習不安の主効果は存在する」というように，過分に言い切る形で結果の記述をしている場合も見られます。

しかし，統計処理を行うということは，ある実体を見いだすことではないのです。あくまでも，研究者が取ったデータに対して，確率的にどうなのか，もしくはデータの傾向くらいしか言えないのです。結果の記述の際には，データと分析結果に対して忠実に記述する慎重さが求められます。

また，統計ソフトの出力をそのまま貼り付けて結果の提示とする論文も散見されます。しかし，その出力は論文に記述すべき情報としては冗長で

あることが多いことと，統計ソフトの多くが海外で開発されているため，出力の日本語が定訳と一致していなかったり，日本語としてこなれていなかったりするものも多いのが現状です。ですから，統計ソフトの結果をそのまま貼り付けて結果の提示とすることは，慎まなければなりません。

索　引

〈あ〉
イェーツの補正　107
一般化可能性係数　86
一般化可能性理論　84
因果　70, 137
因果関係　70
因子　93, 94
因子軸の回転　97
因子得点　133, 135
因子の推定　96
因子の抽出　96
因子分析　92, 94
ウィルコクスンの符号付順位和検定　37, 59
ウォード法　115, 116
H 検定　57
F 値　44, 128

〈か〉
回帰直線　75
回帰分析　74
χ 二乗検定　105
χ 二乗統計量　105, 106
χ 二乗分布　105
階層的クラスター分析　114
確認的因子分析　99, 134
片側検定　38
間隔尺度　13, 14, 94
観測度数　104, 108
観測値　7
観測変数　93, 94, 134, 135
頑健　36, 50
危険率　30

基準　6
基準関連妥当性　4, 5
基準変数　75
期待度数　108, 109
希薄化　136, 138
共分散構造分析　134
クラスカル・ウォリスの順位和検定　50, 57
クラスター分析　114
繰り返しあり　34, 50
繰り返しなし　34, 50
クロス集計表　68, 104, 126
クロンバックの α 係数　8
決定係数　76, 77
検証的因子分析　99, 134
検定の多重性　43, 108
検定力　48, 54, 61
ケンドールの順位相関係数　71
交互作用　127, 128
構成概念　132
構成概念妥当性　4
構造方程式モデリング　134
誤差　7, 133, 134, 135
5段階評価　24
コルモゴロフ・スミルノフの検定　36

〈さ〉
再検査法　8
最小二乗法　97
最頻値　19
最尤法　97
サイン検定　60
残差　108

残差分析　108
散布図　65, 75
シェッフェの方法　47
指標　132, 134
尺度　13
尺度値　132, 134, 135, 136
斜交回転　98
シャピロ・ウィルクの W 検定　36
主因子法　97
重回帰分析　74, 77, 136, 137
集団に準拠した評価　24
従属標本　35
従属変数　75
自由度　30, 106, 128
自由度調整済み決定係数　78
周辺度数　105, 109
主効果　128
主成分分析　101
順位　54
順位相関係数　71
順序カテゴリカルデータ　110
順序尺度　13, 14, 95
真値　7, 133
信頼性　5, 7, 10, 11, 82
信頼性係数　8, 9, 87
スクリー基準　99
スティール・ドゥワスの検定　58
ステップダウン・ボンフェローニの方法　49
スピアマンの順位相関係数　71
正規性　36, 49
正規分布　23, 36, 49
正の相関　65
絶対評価　25
z 検定　39
切片　75
説明変数　75
潜在変数　93, 94, 134, 135

相関　65
相関係数　65, 69, 70, 134, 138
相関係数行列　96
相関係数の検定　66
相関分析　64, 136
相対評価　24
測定不変　139

〈た〉
対応あり　35
対応なし　35
多重比較　45, 58, 108
妥当性　4, 10, 11, 82
多母集団の同時分析　138
単回帰分析　77
探索的因子分析　99
中央値　18, 54
中央値検定　59, 60
直交回転　98
t 検定　30, 34
t 値　30
適合度　99, 135, 138, 141
適合度指標　99, 100, 135
適性処遇学習　125
適性処遇交互作用　129
テューキーの HSD 検定　46
テューキーの方法　46, 58
デンドログラム　115, 116, 118
同時的妥当性　4, 5
等分散性　36, 49
独立性の検定　105
独立標本　35
独立変数　75

〈な〉
内的整合性　8
内容的妥当性　4
2元配置の分散分析　128

ノンパラメトリック検定　37,50,53

〈は〉
配置不変　139
パス解析　136
バブル・チャート　68
パラメトリック検定　35,49,53
反復測定　35
ピアソンの積率相関係数　65,71
p 値　30,66,128
被験者間要因　51
被験者内要因　51
非標準化解　140
評価規準　6
標準化　22
標準化係数　134
標準得点　22
標準偏回帰係数　76,137,138
標準偏差　20,39
標本集団　33
比率尺度　13,14
フィッシャーの正確確率検定　109
符号検定　59,60
負の相関　65
不偏標準偏差　20,39
不偏分散　20,39
フリードマン検定　50,59
ブレナンの方法　86
分散　20,36,39,49
分散成分　85
分散分析　43,128
平均値　18,54
平均平方　128

平行検査法　8
平常点　16
平方ユークリッド距離　115,116
平方和　128
偏回帰係数　75,137,140
偏差値　22
変動要因　85
母集団　33
ボンフェローニの方法　48,58,108

〈ま〉
マン・ホイットニーの U 検定　37,55
無相関　65
無相関検定　66
名義尺度　13,15
メディアン検定　59
目的変数　75
目標に準拠した評価　25

〈や〉
有意確率　30,66
有意差　30,34
有意水準　30,66
U 検定　55
要因　51
予測的妥当性　4,5
予測変数　75

〈ら〉
ライアンの方法　49
両側検定　38
臨界値　56

■執筆者紹介 (2019年7月現在)

三浦省五（監修者）
  現職：広島大学名誉教授
  略歴：広島大学教育学部卒業。中・高校教諭，広島大学大学院教育学研究科，広島大学総合科学部講師・助教授，広島大学教育学部助教授，広島大学大学院教育学研究科教授，福山大学人間文化学部教授を歴任。
  専門：英語教育学
  主要著書：三浦省五 編著（1983）『英語の学習意欲』大修館書店．三浦省五（1987）『英語教科書使用語彙 高校篇1987年版』溪水社．

前田啓朗（編著者）
  略歴：広島大学教育学部卒業。同学部研究生を経て，同大学大学院教育学研究科博士課程前期修了。同研究科事務補佐員，広島大学情報メディア教育研究センター助手，同外国語教育研究センター助手を経て同准教授。元広島県立黒瀬高等学校非常勤講師。
  専門：英語教育学
  主要論文：Maeda, H. (2003). Structure of learning motivation of Japanese high school EFL learners. *Annual Review of English Language Education in Japan (ARELE)*, 14, 61-70.
  前田啓朗・田頭憲二・三浦宏昭（2003）「高校生英語学習者の語彙学習方略使用と学習成果」『教育心理学研究』51, 273-280．

山森光陽（編著者）
  現職：国立教育政策研究所総括研究官
  略歴：慶應義塾大学文学部卒業。早稲田大学大学院教育学研究科修士課程修了。同博士課程中退。国立教育政策研究所研究員，同主任研究官を経て現職。元世田谷区立駒留中学校講師。
  専門：教育心理学
  主要論文：山森光陽（2003）「中学校英語科の観点別学習状況の評価における関心・意欲・態度の評価の検討：多変量一般化可能性理論を用いて」『教育心理学研究』51, 195-204．
  Yamamori, K., Isoda, T., Hiromori, T., & Oxford, R. (2003). Using cluster analysis to uncover L2 learner differences in strategy use, will to learn, and achievement over time. *International Review of Applied Linguistics in Language Teaching*, 41, 381-409.

磯田貴道（著者）
　現職：立命館大学文学部准教授
　略歴：早稲田大学教育学部卒業。早稲田大学大学院教育学研究科修士課程修了。同博士課程単位取得退学。広島大学外国語教育研究センター准教授を経て現職。元大妻中学高等学校専任講師。
　専門：英語教育学
　主要論文：Isoda, T. (2003). Individual differences in learning behaviors within a single task: An analysis of goals and strategies. *Annual Review of English Language Education in Japan (ARELE)*, 14, 101-110.
　　下山幸成・磯田貴道・山森光陽（2002）「学習観がCALL教室における英語学習の成果に及ぼす影響：クラスター分析を用いた学習者プロファイリング」*JALT Journal*, 24, 155-166.

廣森友人（著者）
　現職：明治大学国際日本学部教授
　略歴：北海道教育大学教育学部卒業。北海道大学大学院国際広報メディア研究科修士課程修了。同博士課程修了。愛媛大学英語教育センター准教授，立命館大学経営学部准教授を経て現職。元札幌東高等学校・札幌稲雲高等学校非常勤講師。
　専門：英語教育学
　主要論文：廣森友人（2003）「学習者の動機づけは何によって高まるのか：自己決定理論による高校生英語学習者の動機づけの検討」*JALT Journal*, 25, 173-186.
　　Hiromori, T. (2004). Motivation and language learning strategies of EFL high school students：A preliminary study through the use of panel data. *JACET Bulletin*, 39, 31-41.

＊イラスト＝高本

英語教師のための教育データ分析 入門
― 授業が変わる　テスト・評価・研究 ―

ⓒ MIURA Shogo 2004　　　　　　NDC375/x, 179p/21cm

初版第1刷――2004年4月20日
第6刷――2019年9月1日

監修者	三浦 省五
編著者	前田啓朗・山森光陽
著 者	磯田貴道・廣森友人
発行者	鈴木一行
発行所	株式会社 大修館書店

〒113-8541 東京都文京区湯島2-1-1
電話03-3868-2651(販売部)　03-3868-2293(編集部)
振替 00190-7-40504
[出版情報] https://www.taishukan.co.jp

装丁者	佐々木哲也
印刷所	壮光舎印刷
製本所	ブロケード

ISBN978-4-469-24493-9　　Printed in Japan

Ⓡ本書のコピー、スキャン、デジタル化等の無断複製は著作権法上での例外を除き禁じられています。本書を代行業者等の第三者に依頼してスキャンやデジタル化することは、たとえ個人や家庭内での利用であっても著作権法上認められておりません。